박정희 리더십의 모든 것

박정희 리더십의 모든 것

대한민국
NEW
디자이너

KOREA
NEW
DESIGNER

윤종성 지음

SIA 시아

추천의 글

누구나 훌륭한 리더가 될 수 있다는
희망의 메시지!

윤종성 박사의 《박정희 리더십의 모든 것》은 이 땅에서 가난을 몰아낸 '대한민국 뉴 디자이너New Designer'의 이야기입니다. 먼저 군 생활의 격무 속에서도 리더십 총론에 해당하는 《장군의 리더십 다이어리》에 이어 각론 1호를 출간한 윤 장군의 열정과 의지에 경의를 표합니다.

제가 윤 장군을 만난 것은 명지대학교 정치학과 윤해수 교수님을 통해서였습니다. 윤 선배께서는 윤 장군을 강의와 논문 심사를 통하여 알게 되었다며 만남을 주선하였습니다. 윤 장군은 과묵하고 품위를 잃지 않으면서도 해야 할 일을 해나가는 분위기를 느끼게 하는 군인이었습니다. 그래서 저는 윤 장군을 윤 박사라고 부르면서 만남을 가져왔습니다.

그러던 어느 날 추천의 글을 써달라며 원고를 보내왔고, 저는 이를 순식간에 읽어보았습니다. 저 자신도 박정희 대통령의 새마을운동을 연구한 사람이지만 리더십이라는 깊이 있는 주제를 참 쉽게 썼다는 생각을 하면서, 몇 가지 특징적인 의미를 발견할 수 있었습니다.

첫째, 《박정희 리더십의 모든 것》은 지금까지의 다른 리더십 책과는 달리 윤종성 박사가 연구한 '7가지 리더십 실행원리'를 바탕으로 박정희 대통령 리더십을 조명한 흥미 있는 이야기라는 점입니다. 따라서 독자 여러분은 이 책을 통하여 자연스럽게 리더십 실행원리를 체득할 수 있으리라 확신합니다.

둘째, 박정희 대통령이라는 인물이 군인이라서가 아니라 만주군관학교, 일본 육사, 미국 유학, 군 생활이라는 경험을 통하여 대한민국을 새롭게 디자인할 수 있는 사고와 능력을 갖출 수 있었음을 정확히 식별해 냄으로써 지도자가 되려는 젊은이들에게 많은 노력과 과정이 요구됨을 일깨워 주고 있습니다.

셋째, 리더십이라는 어려운 주제를 쉽게 풀어냄으로써 '리더십의 대중화'라는 의미있는 작업을 통하여 누구나 훌륭한 리더가 될 수 있다는 희망의 메시지를 전해주고 있습니다.

넷째, 박정희 대통령 리더십의 내면뿐만 아니라 밖으로 나타나는 모습까지 정밀 스케치함으로써 많은 젊은이들에게 진정한 리더십이 무엇인지를 배울 수 있는 기회를 제공하고 있습니다.

그리고 마지막으로 통합integration을 강조하여 오늘날 한국 사회뿐만 아니라 국제사회에서 세대, 인종, 지역, 이념, 문화 등의 갈등을 치유할 수 있는 리더십이 무엇인지를 가르쳐 주고 있습니다.

저는 독자 여러분께서 이 책을 읽음으로써 지난 세대들은 대한민국을 새롭게 디자인하는 데 동참하였다는 한없는 자긍심을 간직할 수 있고, 새로운 세대들은 우리 조국 대한민국을 한 번 더 도약시킬 수 있는 지혜와 교훈을 체득할 수 있으리라 확신합니다.

영남대학교 총장

최외출

박정희 리더십 체계

개인 리더십	**성품** Be	엄격, 결단, 청렴
	의지 Do	필사즉생
	능력 Know	통찰력, 조직력, 실천력
상황판단		경제발전 〉민주주의 〉조국통일
국가 리더십	**비전** Vision	조국 근대화
	가치 Value	근면, 자조, 협동
	전략 Strategy	경제개발 5개년계획, 수출제일주의, 중공업화
	과제 Tasks	한일협정, 월남파병, 고속도로 건설, 포항제철 건립, 기타

프롤로그

리더를 꿈꾸는
젊은이들을 위하여

이 책은 이 땅에서 가난을 몰아낸 대한민국의 뉴 디자이너 New Designer《박정희 리더십의 모든 것》입니다. 저는 리더십 연구가로서 깊이에 있어서는 학자만 못하고 넓이에 있어서는 저널리스트만 못한, 매우 부족한 사람입니다.

그러나 34년을 군인으로서 국가에 봉사할 수 있는 기회를 준 조국과 국민께 감사드리며, 남은 인생을 좀 더 의미 있게 사는 길이 무엇인지를 고민한 끝에 '젊은이들에게 꿈과 희망과 용기를 줄 수 있는 리더십'을 연구하기로 하였습니다.

그 과정에서 불과 50년 전에는 상상도 못했던 오늘날 대한민국의 성공과 번영의 배경이 무엇인지를 연구하면서 박정희라는 인물을 주목하게 되었습니다.

그리하여 제가 지금까지 연구하고 적용하고 전파해 온 "리더십이란? 사람의 마음Mind을 움직이는 힘Power이며 그 궁극적인 목적은 구성원의 행복Happiness이다."라는 측면에서 박정희의 리더십을 살펴보았습니다.

사람의 마음을 움직이기 위해서는 "먼저 인격적으로 성숙한 리더가 열정과 의지를 가지고 개인의 능력을 최대한 발휘하여야 한다. 나아가 이를 기초로 상황 파악과 진단을 통하여 조직이 나아가야 할 미래의 모습을 제시함과 아울러 구성원이 갖추어야 할 올바른 마음가짐과 비전 구현을 위한 행동개념을 채택하고, 비전 달성을 위해 과제를 선정하여 추진해야 한다."는 '7가지 리더십 실행원리' 측면에서 말입니다.

저는 이러한 연구를 하면서 여기에 가장 적합한 인물이 박정희라는 사실을 발견하였습니다.

즉, 박정희는 엄격하고 결단력 있고 청렴한 성품과 '죽기를 각오하면 산다.'는 불굴의 의지, 그리고 미래를 내다보는 선견력과 상황을 구조화하는 조직력, 나아가 강력한 실천력을 갖추었습니다. 이를 바탕으로 그는 당시 우리 대한민국에 있어 '먹고사는 일이 가장 시급하다'는 상황판단 아래 '잘살아 보세'라는 비전을 제시했습니다. '근면, 자조, 협동'이라는 가치를 장려하였으며, '경제개발 5개년계획'이라는 전략을 채택했습니다. 그리고 고속도로 건설, 포항제철 건립 등 국가적 과제를 선정하여 하나하나 실천에 옮겼습니다.

그 결과 박정희는 이 땅에서 가난을 몰아내었고, 대한민국을 새롭게 디자인했습니다. 가난을 숙명처럼 알고 살아온 국민들에게 '우리도 할 수 있다'는 자신감을 심어주었으며, 먹고살 걱정을 하지 않도록 해주었습니다. 어디 그뿐입니까? 원조를 받던 나라에서 이제 원조를 하는 나라로 조선, 철강, 기계, 자동차, 전자, 석유화학 등 중화학 공업의 눈부신 발달, 인터넷, 고속도로, 공항, 항만 등 사회간접자본의 축적, 그리고 원자력발전소를 수출하는 등 세계가 부러워하는 나라로 새롭게 디자인하여 변모시켰습니다.

그 과정에서 저는 박정희의 리더십을 소수의 몇몇 전문가나 관심이 있는 사람들의 품안에서 벗어나 이 땅의 젊은이들이 거부감 없이 이해하기 쉽게 받아들일 수 있도록 쓰고 싶었습니다.

'보수'는 박정희를 부국강병을 일구어 낸 근대화의 기수로, 국민들에게 꿈과 희망을 준 대통령으로 평가하고 있습니다. '진보'는 민중에게 고통을 떠넘긴 독재자로 시련과 아픔만 주었다고 생각하고 있습니다. 이제는 이런 이분법에서 벗어나, 이 땅의 '산업화 세력'은 근대 산업국가로서의 초석을 다졌고 '민주화 세력'은 근대 민주주의의 초석을 다진 의미 있는 작업에 모두 충실하였다는 것을 서로 인정하면서 계승할 것은 계승하고, 보완할 것은 보완하는 지혜의 눈을 이 땅의 젊은이들이 갖도록 해주고 싶었습니다.

《박정희 리더십의 모든 것》은 일회성의 테크닉 이야기가 아닙니다. 역경의 인생 과정에서 그가 미래를 꿈꾸는 리더로 성장한 이야기입니다. 또한 국가지도자가 된 후에 시대적인 상황 속에서 대국적인 상황판단을 통하여 국가의 비전을 제시하고 가치를 장려함과 아울러 전략을 채택하고 과제를 선정, 제시함으로써 오늘의 대한민국을 새롭게 디자인한 철학과 사상의 이야기입니다.

아무쪼록 이 책을 통하여 박정희의 리더십이 국가지도자 리더십의 롤모델이 되어 미국의 워싱턴, 프랑스의 드골, 중국의 등소평, 싱가포르의 리콴유와 같은 탁월한 국가지도자들이 이 땅에서 많이 배출되기를 희망합니다. 그리하여 대한민국뿐만 아니라 세계 인류의 평화와 번영, 그리고 이를 통한 행복한 세상이 이루어지기를 간절히 기대합니다.

윤종성

CONTENTS

PART 1 역경의 인생
위기를 기회로 만들어라

PART 2 꿈꾸는 리더
성품, 의지, 그리고 능력을 갖춰라

위기를 기회로 만들어라

리더십Leadership이란 사람의 마음Mind을
움직이는 힘Power이다.

"빈곤은 단순히 저소득을 말하는 개념이 아니다.
기본적으로 여하한 가능성도 박탈된 상황을 말한다.
그걸 벗어난 것이 바로 자유다."

−아마르티아 센

가난은 나의 스승이자
은인이다

'가난은 나의 스승이자 은인이다.' 박정희의 이 말은 가난의 굴레 속에서도 좌절하지 않은 채 희망과 용기를 갖고 살아온 삶의 의지였고 버팀목이었다. 이는 한 나라의 권력을 잡고 18년 6개월 동안 통치하면서도 부패하지 않은 정신이요 혼이며, 그의 지도력을 지탱하는 힘이었다. 그는 인생의 역경이라는 위기를 기회로 삼을 줄 알았다.

어머니에게서 배운 의지와 사랑

박정희가 이러한 정신과 혼을 간직할 수 있었던 것은 그의 성장 배경이 한몫했다. 박정희는 1917년 경상북도 선산군 구미면 상모동에서 태어났다. 우리나라 농촌의 가난을 그대로 상징하는 마을이었다. 이러한 가난 속에서도 부모는 셋째 형 상희에 이어 정희를 전통적인 한학을 가르치는 서당이 아닌 구미보통학교에 입학시켰다.

보통 상모동에서 구미 읍까지는 20리 길이었다. 새벽에 일어나서 20리 길을 8시까지 지각하지 않고 제시간에 맞춰 다니기에는 고생이 말이 아니었다. 시간이 좀 늦는다고 생각되면 뛰어야 했다.

특히 여름과 겨울에는 고생이 많았다. 여름에 비가 와서 책보를 허리에 매고 학교에 가면 책은 거의 젖어 있었다. 겨울에는 땅바닥이 얼어서 빙판이 되면 넘어지기 일쑤였다. 눈보라가 휘몰아치면 앞을 볼 수가 없었다.

그러나 그가 학교에 다니는 동안 더 고생한 사람은 어머니였다. 새벽밥을 짓고 도시락을 싸고 정희를 깨웠다. 겨울에 추울 때는 더운 물을 담은 세숫대야를 방 안에까지 들고 와, 잠이 덜 깬 그를 세수시키고 밥을 먹여주었다.

학교에서 돌아오는 시간인데 늦을 때는 동네 밖에까지 나와 정희를 맞았다. '왜 좀 일찍 오지 이렇게 늦느냐!'며 걱정을 하면서 어머니는 자신의 목도리를 정희에게 둘러주었다.

때가 되면 이불 밑에 밥그릇을 따뜻하게 넣어두었다가 정희가 밥을 다 먹을 때까지 어머니는 상머리에 앉아 지켜보았다. 하루 종일 얼었다가 저녁을 먹고 온돌방에 앉아 있자니 갑자기 졸음이 오기 시작했다. 숙제를 하다가 그대로 엎드려 잠이 들었다. 어머니가 깨워 소변을 보게 하고 옷을 벗겨 재우면 곤드레가 되어 다시 잠을 잤다.

학교에 가지고 간 도시락이 겨울에는 얼어서 찬밥을 먹으면 체해서 가끔 음식을 토하기도 하고, 때로는 아침밥을 먹지 않고 가기도 하였다. 이럴 때는 어머니는 하루 종일 걱정을 하였다. 그러나 그 당시 시골에는 소화제라고는 아무것도 없었다. 며칠 동안 밥을 먹지 못하면 이웃집 할아버지 집에 가 침을 맞았다.

가끔 학교에 가져가야 할 용돈이 필요하면 어머니는 한푼 두푼 모아둔 1전짜리 동전, 5전·10전짜리 주화를 상자 구석에서 찾아내어 주었다. 한 달에 수업료가 60전이었다. 매월 이것을 납부하는 것도 농촌에서는 큰 부담이었다. 어머니는 한 푼이라도 생기면 학비를 위해서 모아두었다. 때로는 쌀을 몇 되씩 팔아서 모아두고, 때로는 계란도 팔면 모아두었다. 때때로 학교에 가져가야 할 돈이 없으면 계란을 몇 개 주곤 했다. 이것을 가지고 학교 앞 문방구점에 가면 상점 주인은 계란을 이리저리 흔들어 보고 상한 것 같지 않으면 한 개당 1전씩 값을 쳐서 연필이

나 노트와 교환하여 주었다.

이 계란을 들고 가다가 비가 오는 날이나 땅이 얼어붙은 날에는 넘어져 깨뜨려 버린 때도 있었다. 집에 돌아와서 어머니에게 말씀드리면 꾸지람은 하지 않았다. '넘어져서 다치지나 않았느냐?' 하고 걱정할 뿐이었다.

어느 늦은 봄날이었다. 20리 시골길을 왕복하니 배도 고프고 봄날이라 노곤하기 그지없었다. 집에 돌아오니 어머니는 부엌에서 혼자 커다란 바가지에 나물밥을 비벼서 먹다가 '이제 오느냐! 배가 얼마나 고프겠느냐'며 정희와 함께 먹었다. 점심때가 훨씬 넘었으니 시장도 하지만 비름나물과 참기름을 넣고 비빈 맛은 두고두고 잊을 수 없는, 별미 중의 별미였다. 정희는 9세에서 15세까지 6년 동안을 이렇게 생활했다.

아버지 박성빈은 무과에 합격하여 벼슬까지 받았으나 동학혁명에 가담하였다가 체포되어 처형 직전에 천운으로 사면되었다. 그 후부터 가사에는 관심이 적었고, 술 마시는 일로 소일하면서 가산을 거의 탕진하게 되었다. 가세가 기울어져 하는 수 없이 외가의 선산인 상모동에서 남의 땅을 소작하기로 하고, 칠곡군 약목에서 이사를 하게 되었다. 이 해가 정희가 태어나기 전 해인 1916년이었다.

그러나 아버지와 어머니 사이는 매우 좋았다. 남편은 한량의 기질이 있었고 아내는 알뜰한 주부였으니, 오히려 서로 다른 성격 때문에 충돌할 이유가 없었다. 이런 부모 때문에 박정희는 비록 가난한 몰락 양반 집안에서 태어났으나 마음까지는 가난하지 않게 성장할 수 있었다.

박정희의 유아기 시절, 큰형 동희는 만주에서 장기간 방랑하고 있었고, 둘째 형 무희는 결혼하여 이웃에서 살고 있었다. 그 아래 큰누님은 시집가서 딸을 낳고는 가끔 와서 젖이 안 나오는 어머니를 대신하여 막냇동생 정희에게 젖꼭지를 물려주었다. 셋째 형 상희, 넷째 형 한생, 작은누님 재희 모두 정희를 귀여워해 주었다. 부모와 형제들로부터 사랑과 귀여움을 듬뿍 받고 자란 것이 박정희였다.

이런 환경은 박정희의 인격을 형성하는 데 결정적인 요인이 되었다. 특히 어려운 여건에서도 어릴 때 받았던 어머니의 사랑은 박정희가 성장하여 숱한 난관을 뚫고 나갈 수 있는 용기와 의지의 원천이었다.

식민지의 남다른 아픔과 고뇌

1920년에 개교한 구미공립보통학교는 박정희가 졸업한 1932년까지 대구사범학교에 단 한 명의 합격자도 내지 못하고 있었다.

박정희에게 대구사범학교에 응시하도록 권한 사람은 교사들이었다. 그러나 어머니는 처음에 반대하였다. 어머니는 끼니 때우기조차 걱정인 집안 형편으로는 학비를 댈 수 없음을 알고 있었지만, 막내아들의 가슴에 평생 한을 남기게 될 것 같아 마침내 승낙을 했다.

박정희를 포함하여 구미보통학교에서는 7명이 대구사범에 응시하였다. 이들은 시험에 대비하여 방과 후에 교사들로부터 특별지도를 받았다. 박정희는 응시생 885명, 그리고 합격자 1백 명 중 51등으로 합격하였고 합격자 1백 명 중 10명은 일본 학생이었다.

박정희는 1932년에 대구사범에 입학하여 5년간 수학한 뒤 1937년에 졸업하였다. 만 15세에서 20세에 걸친 인격 형성기였다. 1931년 만주사변에서 시작된 일본의 대륙침략정책이 1937년 중일전쟁을 계기로 하여 중국으로 확산되던 시기였다.

조선 사람들의 민족혼을 담은 우리말의 사용이 점차 제한

되어 가고 있던 시기이기도 했다. 일본은 명치유신 이후 후진 일본인들을 근대 시민으로 교육시키는 데 가장 큰 역점을 교사를 양성하는 사범학교 육성에 두었다. 좋은 시설과 우수인력 확보에 집중적인 투자를 했으며, 교사들 대우도 잘 해주었다. 이때 가장 안정되고 존경받는 직업이 교사였다.

사범학교 교육내용도 체육과 예능 등에 많은 시간을 배당하는 전인교육과 기숙사제도를 시행하였다. 사실상 준사관학교였다. 구미보통학교 때 나폴레옹과 이순신의 전기를 읽고 이미 군인이 되겠다는 생각을 가졌던 박정희로서는 이 학교에서 자신의 소질을 검증할 수 있었다.

그러나 성적표로만 본다면 박정희의 사범학교 5년은 대실패였다. 보통학교 우등에서 바닥으로 떨어졌기 때문이다. 사범학교에 51등으로 합격했으나 1학년 97명 중 60등, 2학년 때는 83명 중 47등, 3학년 74명 중 67등, 4학년 73명 중 73등, 5학년 70명 중 69등을 했다.

행동평가도 나빴다. 학습태도는 '보통'으로 평가되었다. 장기결석도 문제였다. 2학년 때 10일, 3학년 때 41일, 4학년 때 48일, 5학년 때 41일이다. 기숙사비를 내기 위하여 고향에 가서 돈이 마련될 때까지 눌러앉았기 때문이다.

박정희는 사격, 나팔, 육상에 뛰어났다. 학업에서는 꼴찌였지만 교련 시간에는 소대장이었다. 학과 중에서 그래도 성적이 괜찮은 과목은 역사, 지리, 조선어였다.

대구사범 시절 박정희는 말이 없고 사색하는 태도를 보였다. 다른 친구들은 장차 이상 및 포부를 종종 피력하였으나 그는 침묵했고, 교우의 범위도 그다지 넓지 않았다.

당시의 학교 분위기는 일본정신이 투철한 교육자들만 모아 놓았기 때문에 천황 절대 숭배로 출발하여 신격화로 끝나는 교육이 대부분이었다. 그럴수록 학생들 사이에서는 민족적 분노가 불타올라 소위 '무저항적 반항'을 일삼았다. 소설을 읽을 때도 일본인의 작품은 읽지 않고 우리 문학전집을 읽었다.

사회주의적 경향을 가진 학생도 있었으나 대개가 민족운동을 전개하는 한 방편이었다. 1학년 기숙사에 입사하면 선배들은 민족의식을 고취시켜 주었다. 선생님은 몰래 국사를 가르쳐 주기도 했다.

박정희가 대구사범 4회 입학생으로서 교정에 첫발을 들여 놓았을 때 분위기는 무거웠다. 사회주의 교사가 조직한 독서사건에 연루되어 학생들이 구속되고 퇴학을 당한 직후였기 때문이다. 1기로 입학한 한국인 학생은 93명 중 86명인데, 졸업자는 55명이었다. 탈락자 31명은 대부분 항일운동에 관계했다가 퇴학을 당하였다.

박정희는 이처럼 학업에서는 바닥을 기고 기숙사비도 내지 못해서 고향으로 내려가 장기간 결석을 해야 했지만 군사훈련과 체육에는 열성적으로 참여하고 있었다.

1937년 3월 박정희는 대구사범학교를 졸업했다. 그리고 4월에 문경공립보통학교 교사로 부임하였다. 갓 스무 살의 젊은 나이에 월급 45원을 받는 선생님이 되었다. 사회의 첫출발을 하게 되었으니 집안에서는 무엇보다도 가난을 좀 면할 수 있다는 기대감이 적지 않았고, 구미 일대에서는 '개천에서 용 났다'는 소문이 파다했다.

박정희 교사는 운동하기를 좋아했다. 체조에는 남다른 재능을 가지고 있었고, 체육시간에는 흥이 났다. 교사로 부임한 지 1년 만인 1938년에 아버지가 돌아가셨다. 그 당시 아버지의 병은 깊어 있었다. 아버지의 죽음으로 박정희의 마음은 착잡했다. 젊고 패기만만했으며 반골정신이 농후했던 박정희는 나날이 울분을 참지 못했다. 그리하여 학생들에게 사범학교에서 배운 대로 민족혼을 일깨워 주는 말을 자주 했다. "학생 여러분! 전 세계를 얻는다 할지라도 민족이 제정신을 차리지 못하면 죽는 길밖에 없다. 앞으로 10년이 지나면 20세기의 후반기가 된다. 우리는 남을 이길 수 있는 실력을 쌓아야 한다. 아는 것이 힘이다. 알기 위해서는 노력해야 한다."라며 학생들의 분발을 촉구했다.

학생들은 엄격하면서도 다정다감하고 정열적으로 가르치는 박정희를 좋아했다. 어느 일요일, 학생 몇 명은 선생님 박정희의 하숙집을 찾아갔다. 책상 위에 커다란 사진액자가 걸려 있는데, 키가 작고 앞가슴 양편에 단추가 죽 달려 있는 사람이 있었다.

"저 사람이 누구입니까?"고 물으니 박정희는 "영웅 나폴레옹"이라며 나폴레옹에 대하여 자세히 이야기해 주었다.

그리고 언젠가 일본인 선생이 조선 여성은 예의가 없다느니, 젖가슴을 다 드러내고 물동이를 이고 다니느니 하며 우리나라 여자의 흉을 보자 박정희는 "너희들 저 말 잘 새겨들어라. 가난하고 무지하면 남에게 멸시를 당하는 것이다. 우리들끼리 있을 때는 절대로 일본말을 쓰지 말고 조선말을 쓰자"고 했다.

박정희는 빈부귀천을 가리지 않는 선생님이었다. 가정실습 때는 문경에서 12킬로미터나 떨어져 있는 산골까지 자전거를 타고 갔다. 학생들은 선생님에게 울고 싶도록 감사했다.

박정희는 복장이 늘 단정했고 출근은 빨랐다. 언제나 숙제를 내주고 철저히 검사하여 평가를 했다. 월요일마다 공책을 점검하고 글씨를 바르게 쓰도록 지도해 주고, 일기와 편지 쓰기를 장려하였다. 말은 간단명료하였으며 청소에 신경을 쓰고 유리창, 천장의 거미줄, 화장실 청소를 철저히 시켰다.

소풍 때는 점심을 싸오지 못한 학생에게 도시락을 나누어 주고, 발목을 삐어 걸음걸이가 곤란한 학생을 업고 산길을 내려 오는 선생님이었다. 박정희는 사랑과 정열로써 학생들을 가르쳤다.

하루는 박정희가 교무실에서 혼자 사무를 보고 있을 때, 일본인 청부업자 한 명이 담배를 문 채 교무실 안으로 들어와 "오이! 교장 계신가?" 하고 물었다. 박정희는 일본인을 한 번 힐끗 쳐다보고 아무 대꾸도 하지 않았다. 그 사람이 재차 똑같이 묻자 이렇게 답했다. "너희 일본인들이 부르짖는 내선일체가 진실이라면 당신이 내게 그러한 언동을 할 수 있는 것인가? 일등 국민으로 자처하고 싶거든 우선 교양 있는 국민이 돼야지, 담배를 물고 교무실에 들어온 것만 해도 무례하기 그지없는데 언동까지 몰상식한 인간이라면 나는 너 같은 사람을 상대할 수가 없다. 어서 나가 봐!"

그의 마음속 밑바닥에는 조선인이기 때문에 겪어야 했던 민족적 울분이 항상 자리 잡고 있었다.

박정희는 산으로 둘러싸인 문경을 답답해했다. 답답한 것은 지형 때문만은 아니었다. 혼자 있기를 좋아하는 박정희에게 나팔은 마음을 달래주는 친구였다.

그는 소년기에 이순신과 나폴레옹의 전기를 읽으면서 군인이 되겠다는 꿈을 키웠고, 대구사범 시절에 그런 소질을 확인했으며, 교사가 되어서는 그 꿈을 구체화시켰다.

박정희는 심심하면 학생에게 "너는 커서 뭐가 될래?"라고 물었다. 이때 "선생님은 그러면 이 담에 뭐가 될 껍니꺼?"라고 학생이 되물으면 "나? 나중에 봐라. 나는 대장이 될란다. 전장에 나가서 용감히 싸워 이기는 대장이 될란다."라고 대답했다.

그러면서 박정희는 1939년에 이미 만주군관학교에 시험을 칠 준비를 하고 있었다.

군인의 길에
일생을 걸다

　　박정희는 만주에서 일본으로, 여기에서 다시 서울로 세 번
의 사관학교를 거치면서 운명과도 같았던 평생의 삶인 군인의
길을 걷게 되었다. 그 길은 험난하고 고단했지만 그에게 많은
것을 느끼게 해주었고, 가르침을 주었으며, 성장을 도모하게 하
였다.

세계로 향한 시선과 열정

　　박정희는 1939년 10월 만주에 있는 만주국 육군군관학교
제2기 시험을 치렀다. 시험과목은 수학, 일본어 등이었다. 다음
해 1월에 합격자 발표가 있었다. 240명 합격자(조선인 11명) 가

운데 15등이었다.

박정희가 만주로 떠날 때 제자들에게 "우리 조선 사람은 조선 사람으로서 할 일이 있다"는 말을 남겼다. 문경을 떠날 때는 많은 유지들과 학부모, 학생들이 버스 정류장에 나와서 전송을 하였다.

박정희는 고향에 들렀다가 3월 하순에 구미역에서 어머니와 헤어졌다. 칠순 나이의 어머니는 박정희의 옷자락을 붙들면서 "늙은 어미를 두고 왜 그 먼 곳에 가려고 하느냐?"고 만류했다. 노안에 눈물이 맺히는 것을 뒤로하고 기차에 올랐다.

박정희가 자신의 운명을 바꾼 만주대륙을 처음 구경한 것은 1935년 대구사범 4학년 수학여행 때였다. 그는 엄청난 충격을 받았다.

가도 가도 끝이 없는 대평원, 그것은 신천지였다. 신경의 관동군사령부도 견학할 수 있었다. 대포, 탱크 같은 신무기도 보았는데, 일본의 영향력이 광활한 대지 곳곳에 미치고 있음을 실감했다.

박정희가 발길을 내디딘 당시의 만주는 '동양의 서부'였다. 군인과 관료들, 만주철도회사 조사부와 같은 세계 최대의 두뇌집단, 관동군, 만주군, 팔로군, 장개석군, 마적, 빨치산 등이 일본, 조선, 한, 만주, 몽골족 5족과 뒤엉켜 살았다. 이 넓디넓은 대지에서 기회를 찾아 나름대로의 꿈을 펴려고 좌충우돌하고 있었다.

박정희는 1940년 4월 만주 육군군관학교에 제2기생으로 입교했다. 제2기생은 만계 240명, 일계 240명으로 각각 구성되어 있었다.

조선인 11명은 만계에 포함되었다. 동기생은 1군사령관으로 혁명을 저지했던 이한림 등이 있었다. 1기생인 선배기수에는 혁명동지인 이주일, 김동하 등이 있었다. 혁명 당시 박정희와 주한미군 측의 화해를 도왔던 강문봉은 5기였다. 김포에 주둔하던 해병여단을 이끌고 선두에서 한강을 건넜던 김윤근은 6기였다.

좌익과 우익이 공존하고 있는 만주군관학교에서 박정희는 두 세계를 모두 경험하였다. 국가건설과 사회개혁에 대한 열정은 같았지만 그 방법에 있어 만주군관학교 인맥은 좌, 우로 갈렸다.

만군 인맥을 4년제 만주군관학교의 전신인 2년제 봉천군관학교로 넓혀보면 5기 정일권, 신현준, 9기 백선엽 등이 있고 원용덕은 만주 육군군의학교 출신이다. 이들은 6·25 때에는 공산군의 침략을 저지하는 지휘관들이었고, 전후에는 한국군을 사실상 지배하였다.

1930~40년대의 만주는 질풍노도의 시대로 이 시대를 호흡한 사람들을 과감한 행동파로 만들었다. 만군 인맥의 공통점은 결속력, 친화력, 행동력, 그리고 정치 지향이었다. 이종찬, 이형근으로 대표되는 일본 육사 출신들은 엘리트 의식이 강하고 비교적 정치에 중립적인 성향을 보였다.

일본 육사에서도 2년을 보낸 박정희는 만군과 일군 인맥의 성격을 공유하고 있었다.

박정희가 국가를 새롭게 디자인하려는 생각의 씨앗은 만주 군관학교에서 최초의 싹을 틔웠다. 군대를 단순히 전쟁의 수단으로 보지 않고 정치의 수단으로 보는 시각 변화는 자연스럽게 이루어졌다. 그가 딛고 있었던 만주국이 우선 일본 관동군의 작품이었다.

박정희가 대구사범 5학년 때 일어났던 1936년의 2·26사건은 그에게 중요한 화두를 제공해 주었다. 30대 초반의 가난한 농촌 출신 대위들이 주동이 되었던 이 사건은 대륙침략 정책에 희생되고 농촌의 현실을 알게 된 청년 장교들이 천황에게 직접 호소하여 이른바 '소화유신'을 단행함으로써 사회적 모순을 일거에 해결한다는 구상을 갖고 있었다.

이들은 군 내외의 상당한 지지를 받고 도쿄의 요충지를 점거하였으나 사건 초반에 대신 등 요인들을 암살함으로써 천황의 노여움을 샀다. 그들은 도쿄 근방의 부대에서 동원한 1천5백 명의 병력을 지휘하고 있었으나, 천황이 '반도'라고 규정하자 자살하거나 투항해 버렸다.

2·26사건을 주동한 장교들은 만주사변을 주동한 엘리트 참모들과는 달리 농민 출신 사병들과 생활을 같이하면서 그들의 애환에 동감했던, 일선 부대의 장교들이었다. 이 사건의 성격은 가난한 농민 출신 장교 후보생인 박정희의 주의를 끌 만한 것이었다.

박정희가 좋아했던 만주군관학교의 중대장과 일본 육사의 구대장이 그런 장교들이었다. 이런 장교들과의 접촉을 통해 박정희는 국가를 새롭게 디자인하려는 생각을 본격적으로 하게 되었다.

군대, 권력, 개혁이 하나의 화두로서 그의 가슴속 깊숙이 자리 잡으면서 그는 더욱 과묵해졌다.

1941년 12월 7일 진주만을 기습한 일본은 그 여세를 몰아 동남아시아로 쾌속의 질주를 계속하고 있었다. 석유자원을 확보하기 위한 남방작전이었다. 1942년 3월 23일 박정희 등 2기생은 만주군관학교 예과를 졸업했다.

우등상장을 받은 5명의 명단에 박정희와 두 만주계 생도의 이름이 들어 있었다. 박정희는 금시계를 상으로 받았는데, 축하해 주는 가족이 곁에 없어 눈물이 날 뻔했다. 구미보통학교를 우등으로 졸업한 뒤 대구사범에서 꼴찌로 떨어졌던 박정희는 다시 우등으로 복귀했다. 수년의 방황 끝에 정열을 쏟아 부을 천직을 확실하게 붙들었던 것이다.

그가 2년의 예비과정을 우등으로 졸업하고 일본의 육군사관학교를 마친 것은 1944년 4월이었다.

1944년 7월 1일 소위로 임관하여 광복이 되기까지 그는 만주군 보병 8단에서 몇 개월간의 소대장직을 마쳤다. 그 후 단장 부관으로 근무하다 해방이 되자 1946년 5월 6일 중국 청진항에서 미군 상륙용 함정인 LST를 타고 귀국하여 부산항에 5월 8일에 도착하였다.

박정희는 이렇게 변화하는 환경과 자기의 삶에 대하여 안타까워하면서도 근대화에 조금씩 눈을 떠가는 남다른 아픔을 겪고 있었다.

좌우 혼돈 속에서의
군 생활

　박정희는 민간인 신분으로 귀국하여 잠시 고향에 머물다 1946년 9월 조선경비 사관학교 2기생으로 입학했다. 만주군관학교, 일본 육사에 이은 세 번째의 사관학교이자 만군, 일군에 이은 세 번째의 군복이었다. 당시 29세의 생도로서 훈련을 묵묵히 잘 받았다. 대열의 맨 끝에서 뛰어다니면서도 그는 늘 꼿꼿한 몸가짐을 흐트러뜨리지 않았다.

　태릉의 경비 사관학교 건물은 창틀은 있으나 유리는 끼워져 있지 않았다. 모포에는 이가 버글버글했다.

　흉년이 들어 강냉이밥과 고구마를 먹어야 했다. 변비로 고생하는 사람들도 많았다. 겨울에 거행된 졸업식에 여름옷을 입고 참석해야 할 만큼 피복 보급이 원활하지 못했다. 그래도 독립 국가의 기반이 되는 국군을 만든다는 뜨거운 가슴들이 있었다.

특히 일군, 만군의 군복을 입고서도 조국의 문제로 고민했던 많은 장교들이 배출된 것은 건군과 6·25에 대비한 인재 양성이란 의미를 갖게 되었다. 이들은 군대 경험을 통해 군대가 독립 국가를 유지하는 데 가장 중요한 기반임을 실감했다.

우리나라에서 근대식 군대를 만드는 데는 많은 고통과 시행착오, 그리고 혼란이 따랐다. 1945년 11월 13일 주한 미군 사령관 하지 중장은 국방사령부를 설치하였고, 그해 12월 5일 군사 영어학교를 설치하였다. 일군, 만군의 간부 경력자들을 모집하여 영어를 가르치고 장교로 임관시켰다. 약 2백 명에 이르는 이 군영 출신자들이 건군을 주도하였다. 북한 인민군의 창설도 평양 노어학교 창설에서 출발하였다. 점령군의 언어를 배우는 것에서 남북한 군대의 창설 작업이 시작된 셈이었다.

1946년 1월 15일 미군정 당국은 남조선국방경비대를 창설하였다. 같은 날 태릉에 1개 대대 병력으로 제1연대를 발족시켰다. 초대 연대장은 일군 병기장교 출신인 채병덕이었다. 이어 5연대는 부산에서, 7연대는 충북에서, 4연대는 전남에서, 6연대는 대구에서, 3연대는 전북 이리에서, 2연대는 대전에서, 8연대는 춘천에서 각각 창설되었다.

４월 8일에는 국방사령부가 국방부로 개칭되었고, 4월 15일에는 해군의 모체로서 인천에 해안경비대 기지를 설치하였다. 1월 21일 미군정청은 모든 사설 군사단체에 대한 해산명령을 내렸고, 5월 1일에는 국방경비 사관학교가 문을 열었다.

초기 장교 입대자들의 성분에는 뚜렷한 특색이 있었다. 광복군, 중국군 출신들도 있었지만 주류는 만군, 일군 출신이었다. 해방 직후 김일성 집단을 피해서 내려온 이북 출신들도 군에 많이 들어왔다. 군대의 헤게모니를 반공의식이 강한 북한 출신자들이 잡게 되었다.

한편 창군의 실무를 맡은 미군 측은 '사상의 자유'라는 원칙을 적용하여 입대자의 전력을 문제 삼지 않았다. 좌익 사상을 가진 사람들의 군 입대를 제어할 수 없었다. 국방경비대는 우익과 좌익이 뒤섞인 조직이 되었다. 군 내의 이런 모순은 언젠가는 해결되지 않으면 안 되는 과제가 되었다.

창군 과정의 모순이 적나라하게 나타난 것은 박정희가 다시 생도로 들어간 조선경비 사관학교 2기생들의 구성이었다. 박정희를 비롯한 일부 엘리트 그룹은 '우리나라의 군사적 독립'이라는 뚜렷한 목표의식 아래 뭉쳐 있었으나, 나머지는 그렇지 못하였다.

교육 시에 가장 많은 시간이 제식훈련에 투입되었다. 일본

군식의 '우향 앞으로 가'와 미군식이 달랐으니 미군식으로 바꾸는 훈련을 받아야 했다. 일제하에서 엘리트 장교였던 박정희로서는 이런 미국화 교육에 적지 않은 불만이 있었다. 나름대로의 엘리트 의식을 가졌던 일군 출신 장교들일수록 미 고문관들과 충돌이 잦았다.

그러나 대체로 만군 출신 생도들이 혼란스런 창군 과정에 잘 적응했다. 만주라는 혼란상황에 익숙했던 만군 출신들은 미군들과도 잘 사귀었다. 이것은 만군 출신이 초창기 한국군의 헤게모니를 잡게 되는 한 원인이 되었다.

박정희는 사범학교 5년, 만주군관학교와 일본 육사에서 약 4년, 조선경비 사관학교에서 3개월 등 장교교육만 10년 가까이 받았다. 흐트러짐이 없는 그의 단정한 자세는 이런 단련에서 우러나온 자연스런 몸가짐이었다. 그는 이런 교육을 통해서 한국, 일본, 중국 문화를 골고루 섭취하였다. 박정희란 인물은 그런 점에서 동양 3국의 문화가 함께 빚어낸 공동작품의 모습을 지니고 있다. 나아가 그는 일군 출신의 원칙주의와 만군 출신의 유연성을 모두 갖추고 있었다.

사상적 방황이
시작되다

박정희는 형의 죽음에 대한 충격으로 좌익 쪽으로 방향을 선회하였다. 만주군관학교, 육군사관학교 등을 거치면서 좌우를 두루 경험한 박정희는 잠시나마 사상적 방황을 겪게 되었고, 이는 그의 인생에 엄청난 시련을 안겨주었다.

형의 죽음에 대한 충격으로 좌향좌

박정희의 셋째 형 상희는 조선·동아일보의 구미지국장 겸 주재기자로 일했고, 신간회 간부로 있었다. 그는 마을 청년들을 이끌고 '건국준비위원회 구미지부' 간판을 내걸었다. 구미국민학교에 주둔하고 있던 일본 군인들의 무장해제와 신탁통치 반대 시위도 지휘했다.

구미에서의 폭동은 "면사무소에서 오늘 쌀을 나누어 준다더라"는 소문이 발단이었다. 구미면사무소로 몰려간 사람들이 쌀을 달라고 요구하자 직원들은 어리둥절했다. 흥분한 주민들 사이로 파고든 좌익분자들이 선동하여 쌀 창고를 탈취하게 되고, 이때 상희가 등장했다. 그는 군중들을 지휘하여 선산경찰서와 면사무소를 점령했다.

선산경찰서를 접수한 뒤 맨 처음 시작한 일은 우익 유지들을 잡아들이는 것이었다. 상희는 선산경찰서 직원들을 포함하여 서른 명쯤 되는 우익 인사들을 데리고 갔다. 상희는 책상 위로 뛰어올라가 소리쳤다.

"우리는 이제 성공했다. 이제 치안을 유지하자."

다음날 오후, 충청도 경찰병력을 태운 트럭 두 대가 구미역에 도착했다. 상희는 청년들을 데리고 가서 공포를 쏘아대기 시작했다. 경찰은 대구 쪽으로 물러갔다. 이날 밤 구미, 선산 곳곳에는 횃불이 올랐다. 폭도들은 삼삼오오 짝을 지어 마을들을 오가곤 했다. 그러나 대구와 왜관이 미군과 진압경찰의 개입에 의해 질서가 회복되었다는 소식이 전해지기 시작했다.

그는 창고에 감금했던 경찰관들을 풀어주고는 사무를 보도록 했다. 10월 5일 새벽 충청도 경찰병력이 군용트럭을 타고 구미로 들어오기 시작했다. 이들은 대구·영천·왜관을 거쳐 오면서 경찰관들이 무참하게 학살된 것을 목격하여 흥분 상태였다. 경찰은 총을 난사하면서 구미로 진입했다. 사람들은 서장실로 뛰어 들어갔다. 하루 전에 석방되었던 경찰서장 옆에 상희가 멍하니 앉아 있었다.

"상희, 자네는 도망가지 말게. 우리 생명을 구해준 사람이니까. 우리가 보증을 서겠네."

유지들은 그렇게 말했다. 총소리는 점점 가까이 다가오고 있었다. 이윽고 경찰서로 진입하는 소리가 들렸다. 상희는 갑자기 창문을 밀어 올리더니 몸을 날려 뛰어나갔다. 그는 논바닥으로 떨어져 엉금엉금 기고 있었다.

그 순간 서장실로 밀려든 경찰관들이 상희를 향해서 집중사격을 했다.

상희는 벼 위로 쓰러졌다. 그의 가슴과 배에서 피가 흘러나오고 있었다. 경찰관들이 여동생 재희의 집으로 뛰어가 알렸다. 그녀의 남편이 따라 나가 이불에 둘둘 말린 상희를 업고 들어왔다.

모포에 둘둘 말려 피투성이인 채로 여동생 집으로 업혀 들어온 상희는 숨이 붙어 있었다. 재희가 녹두물을 달여서 떠먹이는데 한 모금 마시고는 곧 숨이 넘어갔다. 상희가 죽을 때 나이는 42세였다.

5일장으로 치러진 상희의 장례식은 쓸쓸했다. 상희의 큰딸 영옥은 구미국민학교 교사로 있었는데, 아버지의 사망 후 해직을 시키라는 압력이 내려왔다. 그러나 교장이 이웃한 고아국민학교로 전출시키는 것으로 수습했다.

조선경비 사관학교에서 교육받고 있던 박정희가 형의 장례식에 참석하지는 못했고, 그 며칠 뒤 조용히 왔다가 올라갔다. 마음속으로 고맙게 생각하면서 존경했던 형 상희의 비극적 죽음은 그에게 큰 충격을 주었다. 그때까지 박정희는 사상 문제에 있어서는 방관자의 입장을 견지하고 있었다.

형의 죽음은 그러한 박정희를 왼쪽으로 확 밀어버렸다. 형의 죽음을 가져온 우익 경찰과 그 배후인 미군에 대한 증오심을 품게 되었다. 심정적으로 왼쪽으로 기운 그를 공산당 조직으로 엮어버린 것은 상희의 친구들과 만군 출신 좌익 인맥이었다.

만주군관 동기생 이병주는 1연대 중대장이었다. 만주군관 동기생 이한림과 박정희 세 사람은 자주 어울려 다녔다. 어느 날 산책을 하면서 이병주는 무신론과 공산주의를 찬양하는 방향으로 대화를 유도해 갔다. 이병주가 말하는 요지는, 남한은 부패하고 혼란하여 민족통일을 이룰 수 없고 북한에 오히려 희망이 있다는 것이었다.

박정희는 이한림과 자주 만났다. 하루는 두 사람이 남산으로 산책을 가서 중앙청이 내려다보이는 곳에 이르자, 그는 특유의 간명한 말투로 입을 열었다.

"한림이, 이곳에 포를 설치하고 저 경무대 쪽을 포격하면 나폴레옹이 소요 진압사령관으로서 파리를 제압했던 것과 같이 경무대 장악은 문제 없겠지?"라며 박정희는 농담 같은 진담을 했다.

성품, 의지, 그리고
능력을 갖춰라

리더십 실행원리 1

성품Be이란 인격으로

탁월한 리더십의 요체이다.

청렴한 성품으로
사람들의 마음을 사로잡다

성품Be은 탁월한 리더십의 요체이다. 성품은 사람의 됨됨이를 말하며 인격으로도 표현된다. '리더십은 인격이다'라고 할 정도로 지도자에게 있어 인격은 중요한 요소이다. 사람들은 인품이 훌륭한 리더를 존경하고 따르며, 그에게 힘을 실어준다.

그렇다면 18년 6개월 동안 한 나라의 대통령으로서 국민의 마음을 움직인 박정희는 어떠한 성품을 간직하였을까? 물론 이를 한마디로 표현하기는 매우 어렵다. 굳이 말한다면 크게 엄격, 결단, 청렴으로 요약해 볼 수 있다.

그는 자신에게는 매우 엄격했으나 주변 사람에게는 관대했다. 데리고 있던 부관에게도 일을 시킬 때 말을 놓지 않았다. '이것 좀 해주게!'라고 부탁하는 식이었다. 또한 보통학교 교사에서 만주군관학교로 과감히 결행하는 모습에서 볼 수 있듯이 그는 남다른 결단력의 소유자였다. 그러나 무엇보다 그의 성품의 특징은 청렴함이었다. 이러한 청렴함 때문에 많은 사람들은 그를 존경하고 따랐다.

셋방살이 가난한 군인의 길

1953년 여름 박정희 대령은 대구에서 서울 동숭동으로 이사했다. 방이 둘인 셋집이었다. 이 집은 서향이어서 오후가 되면 햇볕이 방 안으로 들어왔다. 아내 육영수는 오후가 되면 두 살배기 근혜를 업고, 함께 생활하는 동생이 쓰는 아랫방으로 옮겨가야 했다. 문지방이 높았던 이 집은 막 걸음마를 시작한 근혜에게 시련을 주었다. 수시로 발이 걸려 넘어지는 바람에 이마가 성할 날이 없었다. 당시 월급은 쌀 한 가마 값에도 못 미치는 2만 환 정도였다.

이 해 10월 박정희는 다시 성북구 보문동 언덕바지의 방 세 칸 집으로 이사를 갔다. 부관의 사촌누나 집이었다. 부관의 간청으로 세 든 사람을 내보내고 박정희에게 세를 주었다. 전세금을 낼 돈이 없어서 월세를 냈다. 나중에는 집주인이 집을 비워달라고 했다. 육영수는 부관에게 "이야기를 좀 잘 해달라"고 사정하여 계속 머물 수 있었다. 부관이 어느 날 박정희 집에 들렀더니, 육영수는 옷가지를 챙기고 있었다. 눈치를 보니 내다 팔 옷을 고르는 것 같았다. 부관이 가면 육영수는 국수를 내놓았다. 멸치를 넣지 못한 국물에 만 국수였다.

박정희는 1953년 11월에 준장으로 진급했다. 포병으로 전과한 덕분에 승진이 빨랐다. 이 무렵 박정희는 미국 육군포병학교 고등군사반 유학생으로 선발되었다. 그러나 육군특무대에서 남로당 연루 전력을 문제 삼아 탈락시키려 했다. 박정희는 부관이 보는 앞에서 신경질을 냈다.

"누가 가고 싶어서 가는 줄 알아? 위에서 가라고 해서 가는 건데, 그따위로 놀면 차라리 군대 그만두겠어."

육본 정보국에 근무하던 김종필 중령이 처삼촌의 사정을 알고는 동기생을 찾아갔다. 동기생은 육군참모총장의 비서실장이었다. 백선엽 총장에게 보고됐다. 즉석에서 백 총장은 '김창룡 특무대장에게 전화를 걸라'고 했다.

"어이, 그 박정희 준장 건 말인데, 우리가 살려주었잖아? 그러니 끝까지 봐주자고. 그 사람도 미국 갔다 오면 많이 달라질 거야."

김창룡은 "예, 예"만 연발했다. 이승만의 특별한 신임을 배경으로 군 내에서 막강한 권력을 휘두르던 김창룡도 백 총장한

테는 꼼짝 못했다.

　박정희 준장을 비롯한 25명의 포병 장교들은 1953년 크리스마스 직후 대구에서 미군 비행기를 탔다. 일본의 미 공군기지에 내렸는데, 다음 비행편을 기다린다고 일주일을 대기했다. 하와이의 호놀룰루를 거쳐 샌프란시스코에 도착하자 미군 측에서는 세단을 내주어 박정희 준장, 이상국 대령 등 장교들이 관광을 하도록 했다. 유학생들은 로스앤젤레스에서 오클라호마 주의 포트 실Fort Sill로 가는 기차에 올랐다. 박정희에게는 만주, 일본에 이은 세 번째의 외국 나들이였다. 국가를 새롭게 디자인하는 눈을 뜰 수 있는 또 하나의 기회였다. 전쟁을 막 벗어난 조국의 현실과 비교할 때 눈앞에 펼쳐진 미국의 풍요함과 거대함은 그에게 엄청난 충격을 주었으며, 조국의 현실을 다시 한 번 되돌아보게 하였다.

　1954년 1월부터 시작된 유학생의 '포트 실' 생활은 단조로웠다. 유학반은 한국군 통역장교를 데리고 갔으며, 우리말로 변역된 교재를 썼다. 포술, 전술학 실습 과목은 박정희가 한국에서 배운 것과 큰 차이가 없었다. 그보다는 미국, 미국인, 미국사회, 미국군대에 대한 체험이 진짜 교육이었다.

　박정희는 언제나 그러하듯 모범생이었다. 그는 영내 숙소에서 생활하면서, 미국인이나 외부와의 접촉을 활발하게 하지 않는 편이었다.

박정희 준장 바로 옆방을 썼던 중령은 혼자 있기를 좋아하고 과묵한 박정희가 어렵게 느껴졌다.

박정희는 가끔 중령 방의 문을 두드리고는 "맥주 좀 사다 줘"라고 부탁했다. '저 양반 또 돈이 떨어졌구나.'라고 생각한 중령이 자기 돈을 내 사다 주면 박정희는 혼자서 마셨다. 체재비를 받을 때마다 중령에게 맥주값을 정확히 계산해 주었다. 중령은 동전을 넣는 세탁기로 빨래를 직접 하는 박정희가 안쓰럽게 보여 다리미질을 대신 해주기도 했다. 박정희는 유학생들이 텍사스 댈러스로 단체여행을 갈 때도 빠졌다. 돈이 없었기 때문이었다.

당시 유학생들은 월 150 달러를 체재비로 받았다. 외출을 나갔다가 점심값을 아끼려고 굶고 들어오기도 했다. 박정희는 열심히 공부하면서 숙소에서 조용히 지냈다.

1954년 4월 25일 박정희 준장이 쓴 일기

"포트 실의 일요일. 고국을 떠나온 지 3개월. 고국산천에서 백설이 분분하고 찬바람이 살을 에일 듯하던 날 대구 공항을 떠났는데, 벌써 초하를 맞이하게 되었다. 포트 실은 봄, 여름을 구별하기 어려운 고장이다. 봄은 봄인데 봄

같지 않은 봄이었다. 4월 20일경부터는 훈풍이 넘실넘실 나뭇가지를 스치며 분명히 초하의 면목을 갖추었다. 서늘한 나무 그늘이 그윽하고 신선한 경치를 만들어서 산책하는 이의 발걸음을 상쾌하게 한다. 영수와 근혜를 생각하며 한적한 숙사에서 향수에 잠겨본다.”

유학생들이 도시 구경을 나가자 혼자 영내에 남아서 그 한적함을 즐기면서 고향과 가족을 생각하는 박정희였다.

박정희가 유학을 떠난 후 어느 날 전속부관이 육영수로부터 인편으로 “쌀이 떨어졌다”는 연락을 받아, 26사단 김재춘 참모장에게 쌀을 받아 육 여사에게 갖다 주었을 정도로 가난했다.

귀국을 앞둔 6월 14일 박정희의 일기

“번잡한 서울 한 모퉁이에서 내가 돌아올 날만을 기다리고 있을 영수! 인천 부두에서 기다릴 영수의 모습이 떠오른다. 근혜를 안고 ‘근혜, 아빠 오셨네’ 하고 웃으면서 나를 맞아줄 영수의 모습! 나의 어진 아내 영수, 그대는 내 마음의 어머니다. 셋방살이, 없는 살림, 좁은 울안에 우물하나 없이 구차한 집안이나 그곳은 나의 유일한 낙원이요

태평양보다도 더 넓은 마음의 안식처이다. 불원간에 우리 가정에는 새로운 희보가 기다리고 있다. 남아일까, 여아일까? 이름은 무엇으로 할까? 남아일 때는 태평양상에서 본 구름과 같은 기운을 상징시켜 운자를 넣을까?……
결정권은 영수에게 일임하자."

박정희 일행은 6월 하순 시애틀에서 미군 수송선을 타고 태평양을 건넜다. 일본에서 하룻밤을 잔 뒤 인천으로 향했다. 아침 일찍 일어나 갑판으로 나갔다. 오른쪽으로 제주도가 보였다. 반년 만에 보는 조국을 스케치했다. 그는 내일이면 그리웠던 조국 강토에 디디게 될 기쁨, 부두에 마중 나온 사랑하는 처자의 모습을 그리면서 선실에서의 마지막 잠을 재촉했다.

1954년 6월 27일 오전, 박정희 준장이 여섯 달간의 미국 유학에서 돌아와 인천항에 내렸을 때 그 또한 대부분의 장교들처럼 '너무나 비참한 조국의 현실에 분노와 절망감'을 느꼈다. 지금의 한미 간 격차와는 비교할 수도 없는 천국과 지옥의 대비를 경험하고 온 장교들의 이런 충격은 이루 말할 수 없었다. 이로 인해 박정희로 하여금 조국을 새롭게 디자인하지 않으면 안 된다는 생각을 갖게 해주었다.

6·25 이전부터 시작된, 미군에 의한 한국장교 교육은 문화

적 충격을 경험한 장교들을 배출했다. 6개월~1년간의 미국 체험을 통해서 이들은 호기심, 경외감, 열등감, 울분을 느껴가면서 미국식 군사 교리, 과학적 조직운영 원리, 그리고 한국인으로 태어난 의미를 깨닫게 되었다.

박정희는 귀국하자마자 2군단 포병단장으로 발령이 났다. 그를 데리고 간 것은 장도영 군단장이었다. 육본 정보국장으로 있을 때인 6·25 직후 민간인 박정희를 소령으로 복직시켜 준 장도영은 9사단장-참모장 관계에 이어 세 번째 부하로 쓰게 되었다. 귀국 사흘 뒤 딸 근영이가 태어났다.

어느 날 참모가 장도영의 숙소를 찾아왔다. '박정희 장군은 아직도 셋방살이를 하고 있다'고 보고했다. 군단장은 대민사업으로 돈을 벌고 있던 참모에게 "박 장군에게 집을 하나 구해주면 어떨까?"라고 제안했다. 참모도 그러겠다고 답했는데, 박정희가 곧 광주에 있는 육군포병학교 교장으로 발령이 나는 바람에 성사되지 않았다.

박정희는 군 생활을 통하여 스스로에게는 매우 엄격하였으나 부하를 비롯한 남들에게는 관대함으로 일관했다. 그리고 침착과 사색을 바탕으로 한 결단력과 함께 결정적 시기에 보여준 그의 전광석화와 같은 행동의 밑에는 기나긴 준비의 세월과 고

독한 사색의 축적이 있었다. 나아가 그의 청렴함은 부하를 비롯해 많은 사람들로부터 존경을 받았으며, 그를 지탱하는 커다란 힘이었다.

프랑스의 영웅 드골과 박정희

박정희가 집권하며 모델로 삼은 대상은 같은 군인 출신이면서 강력한 통치로 프랑스를 일약 강대국으로 만든 샤를 드골이었다.

국방차관이었던 드골은 제2차 세계대전으로 프랑스가 독일에 완전 함락되자 영국으로 망명했다. 1945년 임시정부를 세워 항전하던 중 해방이 되자 귀국하여 임시대통령에 취임했으나 좌파 정치인들과 뜻이 맞지 않아 은퇴하고, 고향에서 회고록 집필로 소일했다.

1958년 식민지 알제리에서 독립운동이 격화되면서 걷잡을 수 없는 혼란이 일어났다. 르네 내각이 사퇴하자 정계는 후임자를 찾지 못하고 무정부 상태로 빠져 국가적 위기에 휩싸였다. 알제리 주둔군은 '부활작전'이란 이름으로 반란을 일으켜, 드골 장군에게 정권을 맡기도록 요구했다.

이처럼 정계가 표류하자 드골은 "국가적 어려움을 볼 때 앉아만 있을 수 없다. 정권을 담당할 용의가 있다."라는 성명을 내고, 6개월간 모든 정파의 간섭을 배제하고 헌법개정권을 부여하라며 비상대권을 요구했다. 그러나 좌파의 반대로 난항을 거듭하자 드골은 시골로 내려갔다. 군의 부활작전이 파리 근교까지 파급되자 결국 정치권은 이를 받아들였다.

드골은 군의 힘으로 권좌에 올랐으나 '국가 밑에 군대'라며 군의 요구를 일체 거부하고, 군에서 합병을 요구하는 알제리 문제는 알제리 국민들의 국민투표에 부쳐 독립시켰다. 정계에 복귀한 드골은 강력한 대통령제를 국민투표에 부쳐 제5공화국을 탄생시켰다.

드골은 "프랑스가 국제사회에서 평범한 나라로 취급을 받는 것은 훌륭한 국토에도 불구하고 프랑스 국민의 열등성 때문이다."라고 단정했다. 그리하여 '위대한 프랑스 건설', '영광된 프랑스 건설'을 국가 비전Vision으로 제시하고 '독립, 자위, 명예, 국가 위신'을 국가 목표로 설정하여 프랑스 국민들의 마음을 사로잡았다.

'독립'. 제2차 세계대전 후 프랑스가 미국과 소련의 틈바구니에서 진정한 독립을 얻지 못하고 있다고 생각했다. 그리하여 드골은 '유럽인에 의한 유럽'을 강조하며, 미국의 영향력을 배제하고 유럽공동시장에 영국의 가입도 반대했다.

이를 위하여 수십 년간 원수처럼 지내오던 패전국 독일의 아데나워 수상과 긴밀히 협조하여 국교를 정상화했다. 또한 드골은 미국의 영향력 축소 방안으로 소련을 염두에 두고 거리를 좁히려 하였으나, 소련의 체코 침공으로 단념하였다.

'자위'. 능력 없이는 독립이 불가능하다고 판단한 드골은 미소의 반대를 무릅쓰고 핵 실험을 단행하여 핵을 보유함으로써 강대국의 대열에 들어섰다.

나아가 진정으로 명예롭고 위대한 국가란? 경제적으로 윤택하고 사회보장제도가 구비되어 있으며 인권을 존중하는 민주주의 체제 속에 자리매김해야 한다고 생각하고, 이를 위하여 헌신했다. 여기서 인권이란 일상적인 개인생활이 어떠한 장애도 갖지 않은 체제라고 보았다.

드골은 1961년 1월 초 프랑스 상원의 개혁, 회사 및 학교의 의사결정 과정에 변화의 필요성을 강조했다. 즉 상원의 지역대표성을 강화하고, 노동자와 학생을 의사결정 기구에 참여케 하는 참여민주주의의 확대였다. 드골은 "이것은 대통령인 나와 국민 간의 약속이며, 통치를 위임한 국민과 위임에 따라 통치하는 자신 간의 관계가 국민투표의 부결로 나타날 때에는 약속을 철회한 국민의 뜻에 따라 자신은 물러나겠다."는 약속을 했다. 국민투표는 예정대로 실시되었고 찬성 47%, 반대 53%로 패배한 것으로 최종 집계되었다.

1969년 4월 27일 일요일 밤 12시 10분, 프랑스 AFP통신은 짤막하지만 충격적인 성명을 긴급 타전했다. "본인은 공화국 대통령으로서의 기능행사를 중지합니다. 이 결정은 오늘 낮 12시부터 효력을 발생합니다."

성명이 발표된 바로 그 시각, 드골은 이미 하루 전에 손을 털고 작은 손가방 하나만 든 채 엘리제궁을 떠나 고향 콜롱베에 도착해 있었다.

그의 사임에는 밀고 당기는 분주한 협상이나 팽팽한 힘의 대결도, 후임자 결정 등 허다한 절차도, 변명도 한마디 없이 홀가분하게 훨훨 털고 나섰다. 그는 다시 한 번 프랑스 국민들에게 감동을 주었다.

그리고 드골은 소탈하고 검소해서 1969년 대통령을 사임한 후엔 대통령 연금 수령을 거절하고, 더 떳떳한 연금으로 살겠다며 조국을 위해 싸운 대가로 받는 준장의 군인 연금으로 살았다. 드골은 부인 이본 여사와의 사이에 2녀 1남의 3남매를 두었는데, 스무 살에 죽은 딸 안Anne 때문에 괴로워했다. 드골은 국립묘지 등 명소를 뿌리치고 "외롭게 누워 있을 딸에게로 가겠다."며 고향 콜롱베 농촌마을 교회 뒤뜰, 딸 곁에 묻혔다. 다른 묘비보다 크지 않은 흰 대리석에는 'Charles de Gaulle(샤를 드골, 1890~1970)'이라고만 새겨져 있다.

드골의 장엄한 일생을 되돌아볼 때 그의 묘역과 묘비는 생전의 검소함과 순수했던 삶을 말해 주는 것이었다. 드골은 죽어서도 그의 훌륭한 성품으로 프랑스 국민뿐 아니라 세계인의 마음을 사로잡은 탁월한 국가지도자이자 리더였다. 박정희는 이러한 모델을 본받고자 노력했다.

리더십 실행원리 2

의지Do란 행동하게 하는

내면의 추진력이다.

죽기를 각오하면
산다

의지Do는 하고자 하는 열정, 추진력을 의미한다. 지도자가 인격과 능력을 갖추었으되 하고자 하는 의욕, 열정이 없다면 지도자로서의 역할에 한계가 있을 수밖에 없다. 내면적인 추진력인 의지는 리더에게 충분조건이라 할 수 있다.

박정희에 있어 삶의 의지는 "죽기를 각오하면 산다."는 그 자체였다. 일제 식민지에서 독립국가로 전환되는 과정에서 한반도는 적대적인 남한과 북한이라는 두 체제로 나뉘었다. 정치적으로 사상적으로 혼란스러웠던 시기에 공산주의자들이 중심이 된 남로당에 가입하여 심각한 개인적 위기를 겪었다.

인생의 최대 위기, 사형선고

대한민국의 건국은 1948년 8월 15일이었다. 그러나 단독정부 수립은 분단을 고착시킨다는 명분으로 좌익 세력은 4월 3일 제주 폭동사태에 이어 10월 19일 여순 지역 군인들이 반란을 일으켰다. 반란 직후 진압군이 투입되어 교전이 이뤄지는 가운데 여수 시내가 불탔고 수천 명이 사상되는 등 격렬했다. 갓 창설한 부대 내부에 적지 않은 남로당 세력이 자라고 있었다. 군대 내에 이미 조직적인 적색분자가 침투했고, 누가 누구인지 알면서도 손을 쓸 수 없었다.

그러나 이 사건은 군 내부 남로당 조직의 윤곽이 드러나는 계기가 되었다. 군 내부 숙군, 즉 인적 청산 문제가 대두되었고 이승만 대통령까지 나서야 했다. 국군이 8만 명이던 때에 이 중 10% 이상이 이 사건에 휘말려 제대했고, 처형된 장교만도 수십 명이었다.

박정희는 당시 반군토벌사령부에 참여해 정보장교로서 보고서 작성 등을 했고, 의심할 수 없는 확실한 국군 장교였다. 그러나 과거 남로당에 가입한 것이 문제였다. 좌익 성향의 셋째 형 상희가 1946년 우익의 총에 비명횡사했을 때 장례식을 치르던 그에게 남로당이 접근했고, 그의 마음이 흔들렸기 때문이다.

당시 소령이었던 박정희는 이 사건 직후 숙군 수사에서 인생의 최대 위기를 맞았다. 1948년 11월 1일 여순 반란사건을 비롯해 군 내 공산당 활동에 연루되었다는 죄목으로 당시 채병덕 참모총장의 명령에 따라 서울에서 군 수사팀에 의해 체포되었다. 박정희는 '이럴 때가 올 줄 알았다.'며 자술서를 써 내려갔다. 욱하는 마음에 가입했던 남로당 문제가 후환을 낳을 수 있다는 예감을 했다. 이때 남로당에 연루된 사람의 이름을 밝힌 것도 '이건 큰 실수다'라는 깨우침과 함께 궤도 수정이었다.

　　박정희는 숙군 수사 책임자인 백선엽 정보국장과의 면담을 요청했다. 백선엽은 면담 요청이 처음이었으므로 이에 응했다. 박정희는 수사에 시달려 몹시 초췌한 모습이었으나 담담한 태도였다. 자포자기도 하지 않았고, 생에 대한 집착도 크지 않았다. 그는 특유의 말투로 딱 한마디 했다. "저를 도와주십시오." 그게 전부였다. 무죄이고 억울하다는 식의 변명이 아니었다. 인정할 것은 인정하겠으니 선처해 달라는 인간적 호소였다. 죽기를 각오한다는 말이었다. 그 말이 백선엽의 마음에 와 닿았다. 한 사람의 삶과 죽음이 오가는 상황에서 "네, 도와드리지요."라는 대답이 튀어나왔다. 그것은 상대방에 대한 신뢰가 있었기에 가능한 답이었다.

　　박정희는 비록 소령이었지만 자산이 많았다. 일단 군 내 평판이 좋았다. 당시 군 내에 만주군관학교 수석 졸업에 일본 육사까지 나온 인물은 없었다. 그에 대한 평가는 '그릇이 크다'는 것이 지배적이었고, 나이와 연륜도 많았다. 육군참모차장 정일권, 정보국장 백선엽이 대령인 데 비해 박정희는 소령이었지만 동갑이거나 세 살 위였다. 아까운 인물을 일단 구해보자는 분위기였다. 이런 상황에서 백선엽이 결심을 하자 구명운동은 탄력을 받기 시작했다.

박정희는 군 검찰의 사형 구형에 이어 1949년 2월 8일 군사법정에서 종신형을 선고받았으나, 정보국장이었던 백선엽이 부국장 김안일 소령과 김창룡 대위를 끌어들였다. 그들은 연대 보증인으로 정일권, 김백일, 원용덕, 김정렬 대령 같은 다른 지지자들을 규합해 나갔다. 이들은 모두 박정희와 관동군 시절부터 인연을 맺어온 사람들이었다.

백선엽은 군 내부에서 구명운동뿐만 아니라 주한미군 고문관 제임스 하우스만 대위와 로버츠 장군에게 박정희의 사면을 대통령이 인가하도록 설득해 달라고 부탁을 했다. 이렇게 해서 죽음의 문턱에서 살아남았다. 체포에서 형 집행 면제, 그리고 10일간의 요양 뒤 육군 전투정보과장으로 복귀하는 데 걸린 시간은 2개월에 불과했다. 군 통수권자와 군 수뇌부까지 동조한 구명운동은 매우 이례적이었다. 그러나 형 집행 면제를 받았지만 절차대로 육본 명령에 따라 파면 통보를 받았고, 군복을 벗은 채 문관으로 근무해야 했다.

1949년 2월 고등군법회의에서 함께 형 선고를 받았던 69명 중 만주군관학교 출신으로 박정희와 친했던 최남근은 5월에 사형이 집행되었다.

총살형 지휘는 옛 동료였던 헌병장교 문용채가 했는데, 최남근은 형장에 들어가면서 "문형, 먼저 가요"라며 하직 인사를 했다. 그리고 동생에게 "큰형은 좌익 손에 맞아 죽고, 나는 우익에게 죽는다. 이럴 때 어떻게 살아가야 할지 잘 생각해서 처신하고……."라는 유서를 남겼다.

박정희도 형장에 들어갈 수 있었다. 그럴 가능성이 높았다. 그러나 그는 삶과 죽음을 오르내리는 최악의 상황에서 극적인 도움으로 살아남았다. 박정희는 한 번 죽고 다시 살아난 삶을 어떻게 살아야 할지를 생각했다. 그리고 사상과 이념을 분명히 하는 계기가 되었다. 박정희의 사상적 방황은 한국 현대사의 아픔의 과정이었으나, 자신의 정체성을 갖지 못한 대가를 혹독히 치렀다. 이 사건에서 박정희는 생존이 우선이라는 교훈을 배웠고, 삶의 의지를 불태웠으며, 살아가는 방법을 터득하여 이를 가슴 깊이 새겼다. 또한 무슨 일을 하든 '죽기를 각오하면 산다.'는 이치를 체득했다.

오뚝이 등소평과 박정희

등소평은 박정희를 본받고자 노력했다. 특히 박정희의 경제 모델을 교훈으로 삼았다. 1979년 등소평은 권력을 장악하고 미국 방문을 마친 뒤, 유명한 "흑묘백묘론黑猫白猫論"을 주장했다. 이는 검은 고양이든 흰 고양이든 쥐만 잘 잡으면 된다는 박정희의 실용 사상을 본받자는 것이었다. 1992년 등소평은 남방 시찰에서도 아시아의 4마리 용 중에서 한국을 빨리 따라잡으라고 다그쳤다. 이러한 등소평은 삶과 직업적 의지 면에서 박정희와 뚜렷한 공통점이 있었다.

등소평은 1904년 중국 사천성에서 태어났다. 그는 중국 정계의 최고 실권자로서 개혁과 개방 정책을 추진했다. 등소평은 실용주의 노선에 입각하여 과감한 개혁 조치들을 단행하여 중국 경제를 부흥시켰고, 지금의 중국을 만들어 냈다. 그러나 정치인으로서 그의 인생은 파란만장 그 자체였다.

1966년 5월부터 발단된 문화대혁명에서부터 그의 파란만장한 삶은 강도를 더했다. 등소평은 그 이전에만 해도 당 중앙위원회 총서기로 모택동과 주은래, 그리고 유소기 다음인 권력 서열 4인자의 자리에 있었다. 그런데 문화대혁명 이후 등소평과 마찬가지로 자본주의를 선호했던 유소기는 당적을 빼앗기고 결국 병으로 죽었다. 그러나 등소평은 당적 박탈만은 면하여 겨우 목숨을 보존할 수 있었다.

처음 2년은 북경에서 감금생활을 하였다. 이때 아들 둘, 딸 셋과 생이별을 하였으며 그들과 연락마저 두절되어 가슴이 찢기는 고통을 당해야만 했다. 이때 장남은 자신이 다니던 북경대학교에 끌려가 심한 고문을 당하자 3층 교실에서 뛰어내려 자살을 기도한 끝에 반신불수가 되었다. 불과 1, 2년 전만 해도 한 국가의 최고 권력자 대열에 있었지만 일순간에 가족들이 혹사당하고 돌이킬 수 없는 고난이 이어지자 말할 수 없는 심적인 고통에 시달렸다.

또한 2년간의 감금생활 뒤에 이어진 강서로의 강제 이주 후 3년간 계속된 유배생활 때에는 아예 봉급이 없어 아내와 굶주려야 했다. 나아가 평생불구가 된 장남이 병원에서조차 치료를 거부당하는 등 겨우겨우 생명을 부지해 가는 시련의 세월을 보냈다. 이뿐만 아니라 당시 머물던 육군 보병학교 관사에 수도가 고장나서 물이 안 나오자, 찌는 듯한 더위에 손수 멀리 떨어진 마을에 가서 물을 길어 오기도 하는 등 살아가는 모습은 눈시울이 뜨거울 정도였다.

그러나 등소평은 문화대혁명 이후 약 6년간 지속되어 온 감금과 유배, 혹독한 정치적 고난과 핍박과 압박을 견뎌냈다. 이를 위하여 몸과 마음의 건강을 유지했다. 유배생활 중에는 겨울에도 거르지 않고 냉수마찰로 건강을 다지는가 하면, 찌는 듯한 여름에는 트랙터 공장에 나가 기계조립 같은 노동일을 했다. 그는 집안에서도 밭일과 장작을 패는 육체적인 일을 통해 건강을 지켜나갔다.

한편 그는 정신적 건강을 스스로 지켜나가는 데에도 큰 노력을 기울였다. 북경에서 천리나 되는 강서로 유배를 떠날 무렵, 다른 짐은 얼마 안 되었다. 하지만 책 상자는 수십 개나 되어 비행기에 모두 싣지 못하자 정치 동료인 주은래에게 못 가져온 책 상자를 보내달라고 요청하여 가져왔다. 그가 유배생활을 하면서 읽은 책은 톨스토이나 헤밍웨이, 도스토예프스키 같은 문학전집에서 역사, 전기, 회고록, 그리고 마르크스·레닌 사상과 같은 철학서 등이었다. 그리고 유배 시절 오전 3시간은 공장에서 일을 하고 오후에는 아내와 함께 책을 읽는 시간을 제외하고는 혼자 주변을 산책하며 조국의 미래를 걱정했다.

그는 유배 시절 모택동에게 편지를 쓰곤 했는데, 문화대혁명 기간 동안 정적을 비판하거나 자신의 처지를 불평해 본 적이 없었다. 등소평은 강청, 왕홍문, 임표 등과 같은 정적들로부터 터무니없는 공격을 받고 심지어 가족까지 숱한 고통을 받았지만 어느 시간, 어느 장소에서도 그들을 비판하지 않았다. 오로지 "모택동의 건강 염려와 자신의 과오 인정, 그리고 당과 인민을 위해 다시 한 번 일할 수 있는 기회를 가졌으면 한다"는 신중하고도 겸손한 발언만 하는 등 조심스럽게 처신했다.

등소평은 이처럼 문화대혁명이라는 사건으로 강청 일파에 의해 하루아침에 권력의 뒷전으로 밀려나면서도 오랫동안 단 한마디 불평이나 비판을 하지 않았다. 오직 권력을 잡고 있는 모택동에 대한 순종과 국가에 대한 헌신의 의지를 표한 것은 그의 살아 있는 정신세계에 기인한 바가 크다. 흔히 그를 3번의 실각에도 불구하고 권좌에서 물러나지 않고 다시 복귀한 오뚝이 인생이라고 표현한다. 하지만 그런 배경에는 육체적, 정신적 단련과 함께 어떻게 하든 인민들을 먹여 살려야 한다는 불굴의 의지가 있었기에 가능하였다.

그는 당장 다 죽어가는 비참한 생활을 하였지만 그의 머릿속에는 언제나 '현재'보다는 '미래'라는 단어가 자리 잡고 있었고, 각종 위기 상황에서도 침착하게 대처하며 언젠가 올 날을 기다릴 수 있었다.

1971년 모택동의 두 번째 후계자였던 임표가 반란을 꿈꾸다가 비행기 사고로 죽게 되었다. 그 후 1978년 최고 실권자가 된 등소평은 국가 진로를 계급투쟁 중시의 극좌 노선에서 사회주의 시장경제로 전환하는 혁명적 조치를 취했다. 이는 중국사회를 철저히 변화시키는 '제2의 중국혁명'이었다.

개혁, 개방이 시작된 1978년부터 1995년까지 중국은 매년 10% 이상의 경제성장을 기록하는 눈부신 실적을 올렸다. 이 같은 성장의 결과 중국은 인민을 기아에서 벗어나게 했으며 미국, 일본에 이은 세계 3위의 경제력을 쌓았다. 또한 21세기에는 미국을 제치고 세계 제일의 경제대국이 될 것이라는 전망까지 나오고 있다.

이것은 어떠한 어려움 속에서도 인민을 먹여 살리겠다는 등소평의 강력한 의지가 있었기에 가능했다. 이러한 의지는 박정희의 필사즉생의 의지와 같은 것이었다.

리더십 실행원리 3

능력Know이란 계획하고 말하고 행하는 힘이다.

강한 지도력으로
차별화되다

능력Know은 계획하고 말하고 행하는 힘Power이다. 지도자
가 아무리 성품이 훌륭하고 하고자 하는 의지가 있다 하더라도
능력이 없다면, 특히 지적인 힘이 뒷받침되지 않는다면 한계가
있을 수밖에 없다. 리더는 비상한 노력으로 능력을 갖추었을 때
가능하다.

박정희가 보여준 지도력의 원천은 무엇보다 미래를 내다보
는 통찰력과 상황을 구조화하는 조직력, 그리고 반드시 목표를
달성하고자 하는 실천력이라고 할 수 있다. 그렇다면 이와 같은
박정희의 차별화된 지도력은 어디에서 비롯되었을까?

박정희는 학업 성적으로 본다면 탁월한 학생이었음이 틀림
없다. 보통학교 시절 성적은 대단히 우수했다. 전 과목 10점 만
점에 9점 이상을 받았다. 1, 2, 5, 6학년 때에는 우등상을 받았

고 품행도 전 학년 '갑', 즉 최우수를 받았다. 그러나 사범학교 시절에는 슬럼프에 빠져 100명 중 51등인 중간 성적으로 들어 가 졸업 때인 5학년 때에는 70명 중 69등으로 말 그대로 꼴찌였 다. 그러나 군관학교 때에는 달랐다. 그는 육군군관학교 2기에 15등으로 합격하여 졸업 때는 수석으로 졸업함으로써 일본 육 사에 편입하는 특전을 받았다. 2년간의 일본 육사과정도 3등으 로 졸업하여 학업에서의 탁월성을 보여주었다.

박정희에게 군 생활은 또 하나의 훌륭한 학습기회였다. 군 대는 불확실성이 크고 긴박한 상황에서 대규모의 조직을 동원 하여 작전을 하므로 매우 능률적인 조직체계와 관리체계를 발 전시켜 왔다. 당시 군은 미국의 군사원조와 정부의 안보정책 중 시의 결과로 한국사회에서 가장 능률적인 조직체였다. 한국군 은 미군의 교리에 따라 조직을 편성했고, 미군의 장비로 무장했 으며, 교육과 훈련을 받았다.

1960년대까지만 해도 장교를 양성하는 사관학교는 교육의 질적인 면에서 국내 대학 중 최고 수준이었으며, 미국까지 유학 한 장교들도 많았다. 또한 당시 미 웨스트포인트 육군사관학교 는 폭넓은 정치, 외교, 경제, 사회 역사적 교양과 과학 기술 교육 으로 한국군 엘리트의 공급원이었다.

헨더슨 교수는 "한국의 군대는 합리적으로 교육되었다. 명확하고 공정하고 능률적으로 직무를 수행하고 있었다는 점에서 관료조직이나 다른 사회단체가 군대에 가까운 수준에 도달한 예는 없었다."고 평가했다.

혁명동지인 박태준은 박정희의 지도력에 대하여 이렇게 표현했다.

"제가 육사에서 생도교육을 받을 때 그분은 중대장으로서 포병술을 강의했습니다. 삼각함수도 가르쳐 주시고요. 중대장 훈시를 들으면서 강인한 인상을 받았습니다. 무언가 꽉 차고 무거운 분이란 느낌이 왔습니다. 이상하게도 저의 시야에는 그분만이 들어와요. 어린 소견으로도 많은 장교들 속에서 그분만이 반짝반짝하는 것 같고, 어쨌든 눈에 자주 뜨이는 거예요. 그분이 내무사열을 하러 실내로 들어오면 어떤 기가 느껴지기도 했습니다. 군수기지 사령관으로 모셔보니 '아, 이분은 이 정도 자리에 있을 사람이 아니구나' 하는 생각을 단박에 할 수 있었습니다."

박태준 대령은 그때 한국군 안에서 자라나고 있었던 새로운 엘리트 집단을 대표하고 있었다. 미 보병학교와 행정학교에 두 번 유학하여 현대적 전술학뿐 아니라 조직관리학을 배운 그는 1956년에 수색에서 국방연구원이 개교하자 국가정책 담당 교수가 되었다. 국방연구원은 고급 장교들에게 국가전략, 경제,

행정에 대한 폭넓은 지식과 시각을 제공했다.

이처럼 우수한 장교들이 박정희를 존경하고 따를 만큼 그만의 탁월한 지도력을 발휘함으로써 한국군 내 여타 장교들과 차별화된 모습을 보여주었다. 당시 박정희는 군 내에서 청렴성과 지도력으로 존경을 받고 있었다.

박정희의 예술적 감각 역시 탁월했다. 특히 그는 미술과 음악에 소질이 있었다. 그가 스케치하면 모두가 실물과 같다고 할 정도로 그림을 잘 그렸다. 음악 또한 마찬가지였다. 풍금 연주는 기본이었고, 웬만한 노래는 작사 작곡할 정도였으며, 특히 트럼펫을 부는 솜씨는 가히 일품이었다. 그는 '나의 조국' '새마을 노래'의 가사를 직접 썼고 작곡도 했다. 국민들을 분기시키고 신바람 나게 만드는 데 있어 노래의 위력을 아는 낭만적인 사람이었다. 또한 시적인 감각이 풍부하여 그의 일기에 실린 시만 모아도 작은 시집 하나 만들어질 정도였다.

그러나 무엇보다 박정희에게 가장 큰 영향을 준 것은 독서였다. 박정희는 보통학교 시절에 춘원 이광수가 쓴 '이순신'과 함께 '나폴레옹'을 읽고 감명을 받았다. 백지 상태의 어린 마음에 이들의 삶은 신선한 충격, 흥분, 상상력을 제공하고 인생 설계에 길잡이가 되어주었다. 박정희는 영웅들의 전기에 심취해 역사에 관심을 갖게 되었고, 역사에 대한 관심은 자연히 이 세상을 어떻게 할 것인가 하는 문제에 대한 탐구로 발전하였다.

보통학교에서 틀을 잡은 이런 관심과 독서 경향은 그의 인격에 큰 영향을 끼쳤고, 그가 죽을 때까지 계속되었다. '이당 김은호' '학봉전집' '난중일기' '최수운 연구' '안중근 의사 자서전' '신채호 전집' '홍의장군 곽재우' '천추의 얼 윤봉길' '박은식 전서' 등을 읽었다.

박정희는 알렉산더 대왕 전기, 플루타르크 영웅전, 삼국지 등을 여러 번 되풀이해서 읽었다. 권력과 인간의 장대한 드라마를 몇 번이고 곱씹어 읽어감으로써 어떤 원리를 뽑아내려는 독서법이기도 했다.

박정희는 시집, 수필류 같은 부드러운 책들도 많이 읽었다. 겉으로는 차디차게 보이던 박정희였지만 가슴속으로는 시심을 간직한 사람이었다. 또한 박정희는 사색하는 시간이 많았다. 보통학교의 가난한 시절 20리가 넘는 길을 오가며, 사범학교와 교사 시절에는 동산에서 나팔을 불면서, 만주·일본 땅 그리고 미국 유학생활에서 외롭게 생활하던 박정희에게는 혼자만의 사색하는 시간이 많았다. 이는 스스로에게 정리와 나름대로의 논리를 갖출 수 있는 기회를 제공해 주었다.

박정희는 이와 같이 끊임없이 성장하기 위하여 도전하고 노력했다. 《로마인 이야기》의 저자 시오노 나나미는 지도자가 갖추어야 할 요건으로 '지적 능력, 설득력, 육체적 내구력, 자기제어 능력, 지속하려는 의지'를 들었다.

이러한 기준으로 보더라도 박정희의 문제해결 능력 즉 지적 능력은 탁월했고, 그의 간결한 표현은 설득력을 갖추기에 충분했으며, 오랜 가난과 엄격한 군 생활은 그에게 내구력과 제어력 그리고 강한 의지를 제공했다.

박정희의 우수한 학업성적, 만주와 일본, 미국에서의 체험 그리고 근대화된 한국군의 경험, 나아가 예술적인 감각과 내면화된 독서와 사색을 통하여 체득된 지식, 판단력, 감수성, 그리고 미래에 대한 신념은 융합되어 통찰력, 조직력, 실천력 등 대한민국을 새롭게 디자인할 수 있는 그만의 능력을 발휘하도록 해주었다.

박정희와 육영수

1950년 8월, 6·25 발발 2개월 후였다. 박정희의 나이 서른셋, 혼자 외롭게 살고 있었다. 대구사범 1기 후배로 옥천 출신인 후배가 부산 영도에서 피난살이하고 있는 옥천 부자 육종관의 딸, 스물여섯 살의 육영수를 생각해 냈다. 박정희는 목이 길고 고상하게 생긴 육영수에게 호감을 가진 것은 물론이다. 곧바로 육종관, 이경령 부부를 찾아가 인사를 했다.

아내와 딸은 결혼을 주장하였으나, 육종관의 마음에는 들지 않았다. 실랑이를 하던 육종관이 "니들 마음대로 해!"라고 쏘아붙이고 한 발 물러서자 박정희와 육영수의 약혼과 결혼식은 일사천리로 진행되었다. 약혼식은 대구의 한 음식점에서 육종관이 불참한 채 박정희와 모녀가 밥 한 끼 먹는 것으로 대신했다. 김종필 대위와 조카인 박영옥이 참석하여 축하해 주었다.

결혼식은 전쟁 중이라 12월 12일 대구 계산동 천주교성당에서 간소하게 진행되었다. 박정희는 육영수와의 결혼으로 2년 전 사형 구형에 무기징역형을 선고받은 인생 최악의 상황에서 완전히 벗어났다. 박정희의 부활은 6·25 전쟁에서 시작되었고, 불안정했던 그의 심리는 육영수라는 여인을 만나면서 치유될 수 있었다. 육영수와의 인연은 그의 삶에 긍정적으로 작용했고, 자신감을 되살려 주었다.

육영수는 청와대의 안주인이 되면서 한국 여인의 원형으로 자리 잡았다. 권력을 즐기는 행세로 원망을 사서는 안 된다는 조심성 때문에 늘 긴장된 생활의 연속이었다. 그러나 섬세함과 사려 깊은 언행으로 국민들의 마음을 사로잡았다. 직간접적으로 도움을 받았던 고 김수환 추기경도 육영수 여사를 "국모라고 불러도 손색이 없다."고 칭찬할 정도였다.

청담 스님이 도선사에 거주하고 있을 때였다.

육영수 여사는 도선사에서 일주일 동안 머물면서 불공을 드리고, 청담 스님으로부터 '대덕화'라는 법명과 함께 보살계를 받았다.

"대덕화!"

"예, 스님."

"그대는 이제부터라도 보살행을 닦아야 해!"

"……어떻게…… 닦아야 하나요?"

"남을 즐겁게 하는 것이 보살이요, 남을 이롭게 하는 것이 보살이요, 남을 살리는 것이 보살이야."

"그러면 오로지 남을 위해서만 살아라! 그런 말씀입니까, 스님?"

"남을 위해서 살면 보살이요, 자기를 위해서 살면 중생인 기야."

"알겠습니다, 스님……."

육영수는 청담 스님의 가르침처럼 순수하게 남을 위하여 살았다. 또 국모로서 손색없는 삶을 살려고 노력했다.

1974년 8월 15일 서울 장충동 국립극장에서 조총련 문세광의 총탄을 맞고 비극적인 죽음을 맞았으나, 국민들에게 더욱 아름다운 기억을 남겨주었다. 국민들의 마음을 적셔주는 영원한 퍼스트레이디로 남아 있다.

박정희에게는 육영수를 만나기 전 두 명의 여인이 있었다. 첫 번째 여인은 1936년 사범학교 시절 부모가 맺어준 첫 아내 김호남이다. 결혼 당시 김호남은 열여섯으로 박정희보다 세 살 아래였다. 어여쁘고 키가 크며 겨우 한글을 깨우칠 정도의 시골 여성이었으나, 박정희에게는 거의 없는 여자나 마찬가지였다.

김호남이 싫은 것이 아니라 조혼에 대하여 강한 거부감을 가지고 있었다. 인습적이고 봉건적인 삶에 대한 저항이라고 할까? 부모의 강압에 결혼식을 올리긴 했으나 정상적인 결혼생활을 하지 못했다. 교사 시절에는 딸 박재옥까지 두었음에도 결혼 사실을 알리지 않았다.

셋째 형 상희가 독수공방하는 제수씨가 안타까워 "너는 뭐 하는 놈이냐? 모처럼 와서 제수씨와 한 방에서도 안 자?"라고 나무랐지만 소용이 없었다. 결혼생활은 겉돌기만 했다. 이렇게 해서 14년을 살고 육영수와 결혼을 앞두고 한 달 전에 합의 이혼함으로써 이들의 관계는 끝이 났다.

그리고 두 번째 여인은 1948년 동거녀이자 약혼녀인 이화

여대생 이현란이었다. 이현란은 이북에서 내려온 혈혈단신 처녀였다. 그러나 이현란은 박정희의 집안 환경에 적응하기 어려웠다. 박정희의 상모동 집을 방문했을 때, 대학생 처녀인 서울 멋쟁이가 온다고 야단이었다. 떡도 하고 일가들이 모여 잔칫집처럼 그녀를 맞았다. 하지만 기어 들어가고 기어 나오는 박정희의 집에 적응하지 못한 채 하룻밤을 자고 서울로 올라왔으며, 이렇게 해서 그녀와는 헤어지게 되었다.

상황을 파악하고
진단하라

상황판단이란 세상을 판독하는 능력이다.

"민주화라는 것은 산업화가 끝나야 가능한 것입니다.
자유라는 것은 그 나라의 정치환경에 맞게 제한될 수 있
습니다. 이를 두고 독재라고 매도하는 것은 말이 되지
않습니다."

− 앨빈 토플러

먹고사는 문제 해결이
우선이다

오늘날 리더가 되어 하나의 조직을 이끌어 나간다는 것은 이전에 비해 훨씬 고단한 일이 되었다. 변화의 흐름과 의미를 제대로 깨닫기도 전에 사회사상과 물질문명이 빠른 속도로 바뀌고 있기 때문이다. 이러한 변화의 시대에 리더가 현 상황을 철저히 분석하고, 조직이 나아가야 할 방향을 제시하는 것은 매우 중요한 과제다.

상황판단이란 당면한 상황의 본질을 파악하고 진단할 수 있는 능력, 다시 말하면 세상을 판독하는 능력을 말한다. 이러한 상황판단은 구성원들에게 영감을 불어넣고 행동으로 옮기게 하는 출발점이 된다. 사람들은 어떠한 상황에 직면하면 바로 행동에 들어가려는 유혹을 받는다. 그러나 리더는 지금 당장 무엇을 할 것인가가 아니라, 현재의 상황이 어떠한지를 판단하는 것이 중요하다. 훌륭한 의사결정을 할 수 있는 리더는 주어진 상황이 무슨 의미인지, 무슨 시사점을 주는지를 검토한다. 불확실하고 애매모호한 상황에서 리더는 다양한 관점에서 긍정적 측면과 부정적 측면을 모두 고려하여 상황을 판단해야 한다.

"임무를 완수하기 위해 어떤 접근방식이 가장 좋은지 가르쳐 주는 것은 현 상황뿐이다."라는 명제가 말해 주듯, 오늘날의 리더는 상황을 파악하고 진단하는 일에 주저해서는 안 된다. 리더가 현실을 직시하지 못하고 상황판단을 잘못함으로써 나라 전체가 쇠락의 길로 추락한 모습은 역사에서도 쉽게 찾을 수 있다. 그러면 박정희는 당시의 상황을 어떻게 판단하고 진단하였을까?

1960년 이승만 정권의 3·15 부정선거에서 촉발된 4·19 혁명은 10만 명 이상의 시민들이 시위에 참여했고, 경찰의 시위진압 과정에서 130명이 사망하고 1천 명 이상이 부상당했다.

이러한 상황에서 미국은 이승만의 대응에 우려를 표명했고, 계엄사령관 송요찬은 시위대를 향해 발포하지 말도록 군에 명령했다. 군통수권자인 대통령의 지시를 사실상 거부했다.

이러한 과정에서 이승만은 정권을 외무부 장관 허정에게 넘기고 사임했다. 뒤를 이은 장면 정부는 출발은 의욕적이었으나 민주당 내부의 도전으로 인해 표류하게 되었다. 신파와 구파로 갈려 장면이 단 세 표 차이로 국무총리가 되자 정치 지도력을 발휘하는 데 필수적인 통합이 결여된 상태였다.

경제 상황은 더 심각했다. 1960년 한국의 경제는 "가난하기 때문에 가난하다(A country is poor because it is poor)"라는 말처럼 빈곤의 악순환이 계속되는 비참한 상황이었다. 당시 지구상에서 가장 가난한 나라 중의 하나였다. 오늘날의 방글라데시, 에티오피아와 비슷한 사정이었다. 당시 도시에서나 농촌에서 하루 세 끼 밥을 먹는 사람은 많지 않았다. 1960년 봄 100만이 넘는 농촌 가구가 식량 부족으로 기아에 허덕였으며, 전국적으로 900만 명 이상의 아동들이 점심을 걸렀다. 점심이라는 말뜻 그대로 마음에 점을 찍고 건너뛰었다. 단군 시대 이래의 가난이 5천 년간 그대로 이어져 내려오고 있었다.

당시 수출품이래야 한천, 우뭇가사리, 명태, 중석, 누에고치, 흑연, 돼지털 등이 고작이었다. 특히 돼지털이 주요 수출상품에 포함된 것은 중국이나 동남아 등으로 질이 낮은 가발 생산을 위해 수출된 때문이다.

농촌에서는 신발 신고 다니는 아이가 없었고, 옷이래야 베잠방이와 적삼이 고작이었다. 책가방이 없어 보자기에 책을 싸서 학교에 다녔다.

1인당 국민소득이 82달러, 연간 수출액은 3,300만 달러, 외환보유고는 겨우 2,300만 달러밖에 안 되었다. 실업자의 숫자는 250만 명에 육박했다. 농촌 산간지역에서 불완전 고용 상태에 있는 사람들의 숫자 역시 200만 명에 달했고, 농촌 경제는 심각한 수준이었다.

북한과 남한의 경제력도 크게 벌어져 있었다. 남한의 1인당 국민소득이 82달러인 데 비해 북한은 162달러로 절반 수준에 머물렀고, 철강생산 능력은 북한의 20%, 발전시설의 용량은 30% 수준으로 비교가 되지 않았다.

그러나 무엇보다 심각한 것은 심리적인 위축이었다. 어느 사회학자는 1960년대 한국의 사회상을 이렇게 우려했다.

"내일을 위해 오늘의 고생이나 역경을 인내로 이겨보리라는 생각은 순진한 문학소녀의 꿈인 양 코웃음 치는 세태, 내일 죽더라도 오늘 사과나무를 심겠노라는 철인의 갸륵한 생각은 빛을 잃고 있는 사회, 이것이 우리 사회가 아닌가! 우리는 미래가 없는 사회에 살고 있다."

그러나 이러한 속에서도 한국사회의 발전을 위한 몸부림은 계속되었다. 즉 진보세력의 성장, 국가 재건에 대한 지식인들의 논쟁, 그리고 군 내 "정군운동"이 있었다.

당시 지식인 논쟁에서 가장 뜨거웠던 사회정치적 논점 중의 하나는 진보적 개혁주의자들이 펼친 남북한의 "평화통일"을 위한 캠페인이었다. 평화통일론은 1959년 진보당 당수였던 조봉암이 사형당했을 때 폐기되었다. 그러나 1960년 총선을 앞두고 평화통일이라는 논제는 여당인 민주당은 물론 사회대중당, 사회혁신당, 한국사회당 같은 진보적 정치 정당에 의해 다시 제기되었다.

통일문제와 별개로 1961년 4월부터 자유주의 지식인들은 경제번영의 건설이라는 국가발전의 방향을 찾고 있었다. 지식인들 사이에서는 최소한의 "먹고 입을 수 있는 사회"를 만들기 위해 계획경제하에서의 "노동통제"와 자유로운 기업 활동을 통한 국가 안정과 자주성의 확립을 주장했다.

또한 정치 및 경제 분야, 특히 의사결정 문제에 있어서는 주체성의 요구가 대두되고 있었다. 여기에는 국민적 자각과 대미 의존에 대한 분노가 자리 잡고 있었다. 미국의 원조 프로그램이 한국 경제의 기초구조를 확립하는 동안 소위 "종속적 국가독점 자본주의"라는 것이 형성될 수밖에 없었다고 주장했다. 이는 대학생들이 박정희의 정부주도 경제 성장에 대항하는 투쟁을 벌일 때 가장 위력을 발휘했다.

한편 함석헌은 경제라는 구체적인 문제나 국가적 의존이라는 특정 분야의 해결을 기대하기보다는 전 국민의 혁명을 촉구했다. 그는 새로운 국가 건설을 하기 위해서는 국민성정의 혁명이 선행되어야 한다고 했다. 장면 정부의 국토건설 운동에 대한 담론에서도 함석헌은 자신이 창안한 "민족정신 혁명"을 부르짖었다.

나아가 열렬한 민족주의자이자 자유주의 지식인이었고 〈사상계〉의 발행인 겸 편집장인 장준하는 1961년 "노동만이 살 길이다"라고 주장하고 사회윤리의 개조를 촉구하면서, 그렇게 함으로써 민족이 진정한 근면과 근로의 진가를 개발할 수 있다고 했다. 그리고 국가 개조의 선행조건으로 '자유민주주의'를 언급하면서, 강력한 지도자와 교도 민주주의하에서 이루어지는 책무 앞에서 국민들을 이끌어 나갈 도덕적으로 우월한 정치지도자가 필요하다고 했다.

이와 같이 대부분의 국민들이 '총체적 개혁'을 요구하고 있을 때, 군에서도 진보 지식인들이나 정치인들에 비해 대담한 움직임이 있었다. 이승만 대통령이 사임하고 박정희 소장이 참모총장 사임을 요구한 직후인 1960년 5월 8일 육군사관학교 8기의 8명의 중령들은 정군운동이라 알려진 청원서를 제출했다.

육군 내부의 이러한 움직임은 급속히 퍼져서 해병대를 포함한 전군을 정화하려는 군 외부의 움직임으로 발전했다. 이 정군운동이 시작된 지 두 달도 되지 않아 육·해·공군 참모총장과 해병대 사령관이 교체되었다. 특히 해병대 사령관 김태식 중장은 예편했을 뿐 아니라 해병 1사단장 김동하 준장으로부터 정치적, 재정적 비리를 공개적으로 추궁당했다.

이러한 상황 속에서 1960년 8월 장면 정부가 국방부 장관 이종찬 중장을 민간인 현석호로 교체하자 그들의 기회가 극적으로 커졌다. 이 영관급 장교들은 국방부 장관을 방문, 3성 장군 즉 육군 중장들을 모두 제대시켰다. 박정희 소장이 포함된 2성 장군 중에서 차기 참모총장과 차장을 임명하도록 요청할 계획이었으나 만나지 못하고 실패하였다. 9월 10일 김종필, 김형욱, 길재호를 비롯해 정군운동에 관련된 영관급 11명은 "충무장 결의"로 알려진 혁명의 핵심세력을 구성하였다.

이러한 가운데 합참의장이 된 최영희 중장의 후임으로 참모총장이 된 최경록은 신임 참모총장으로서 공식적으로 정군운동을 지지한다고 밝혔다.

그러나 이러한 의지에도 불구하고 1960년 중순이 되자 한국군의 내부구조가 흐트러지기 시작했다. 즉 고위 장교들은 자신들의 지위에 대해 불만과 불안을 품게 만드는 군 내의 상반되는 연공서열 때문에 감정이 상해 있었고, 하급 장교들은 인사적체 때문에 불만이었다. 이러한 상황 속에서 정부가 1960년 8월에 열린 한미 고위급 회담에서 군 병력을 10만 명 정도 감축할 예정이라고 미국에 알리자 군 내의 다양한 불만의 목소리가 극적으로 고조되었다. 이러한 군의 집단적 불만이 개혁파 영관급 장교들의 "정군운동"을 지지하는 결정적 요인이 되었다.

그러던 차에 또한 미 국방부의 군사원조국장 윌리스턴 B. 파머는 1960년 9월 18일 합참의장 최영희 장군의 개인손님으로 서울을 방문했다. 출국 당일 "합참의장의 승인하에 자신은 개인적으로 정군운동에 반대하며, 한국 정부의 군 병력 감축 정책에도 의구심을 갖고 있다"고 공식적으로 발표했다. 이 발표에 대해 참모총장은 "한국 통치권에 대한 명백한 침해"라고 비난했고, 국방부 장관은 "내정간섭"이라고 비난했다.

이 사건에 대한 저항으로 김종필이 이끄는 16명의 영관급 장교들이 재정 비리를 이유로 합참의장의 사임을 요구하였다. 이 하극상 사건으로 최영희가 물러나고, 이 사건을 계기로 젊은 영관급 장교들이 장면 정권을 전복시키려는 계획에 박차를 가하게 되었다.

1961년 2월 하극상 사건의 주역이 자발적으로 군에서 물러나게 되었고, 김종필은 자신이 예편하는 조건으로 군이 하극상 사건과 연관 지어 박정희를 처벌하지 말 것을 강력히 요구하였다. 김종필이 민간인으로 돌아가게 되자 영관급 개혁파들의 활동은 더 과감해졌다. 그러나 정부에서나 군에서는 이에 대하여 확실한 조치를 취하지 않았고, 군에서 일시적으로 고려한 계획은 1960년 5월 박정희를 퇴역시킨다는 것이었다.

그러나 박정희의 오랜 지지자이자 당시 대구 제2군 사령관이었던 장도영의 도움으로 제2군사령부 부사령관으로 옮긴 박정희는 장도영의 참모장인 이주일 소장과 다시 손을 잡게 되었다. 이와 같이 당시의 시대적인 상황은 박정희가 군사혁명을 일으킬 수 있는 분위기로 무르익어 가고 있었다. 박정희는 이러한 분위기에 기반을 두고 최종 준비를 하였다.

그런 상황 속에서 박정희는 민간 정치인이나 관료 출신도 아닌 군인이지만, 정치적 문제의 근본이 경제라는 점을 이해한 사람이었다. 그가 한때 사회주의에 경도되었다가 배우고 나온 점이 하나 있다면 경제라는 하부구조가 정치, 문화 등 상부구조를 지배한다는 시각이었다.

박정희는 8·15 해방과 6·25 전쟁을 겪으면서 경제발전, 민주주의, 조국통일이라는 대한민국의 국가적 과제 중에서 무엇보다도 경제발전이 가장 시급하다고 판단했다. 즉 '먹고사는 일이 우선이다'고 생각했다. 그는 민주주의와 조국통일을 하려면 경제문제부터 해결해야 한다는 생각을 하고 있었다.

혁명이 실행에
옮겨지다

혁명을 4개월 앞둔 1961년 2월 어느 날 저녁, 대구에 있는 2군사령부 부사령관 관사에는 박정희와 이주일 준장, 박기석 대령 세 사람이 모였다.

"이 나라와 국민을 구하는 길은 군의 힘으로 혁명을 하는 방법 외에는 없다." 박정희는 강력한 의지를 가지고 두 사람에게 자신의 생각을 토로했다. '혁명'이라는 말에 이주일과 박기석은 긴장을 하면서 그의 의견을 경청했다.

1961년 4월 7일 저녁, 서울 명동 강상욱 중령의 집으로 장교들이 모여들었다. 4월 19일을 거사날로 내정했던 박정희 소장은 회의를 소집했다. 이날 회의에서는 4월 19일을 거사일로 정하고 혁명지휘부 구성을 작전·행정반으로 나누고 이들을 통합, 조정하는 임무를 김종필에게 맡겼다.

이틀 뒤 명동 신도호텔에서 작전책임자 박원빈 중령 주관으로 작전회의가 열렸다. 중앙청, 반도호텔, 방송국, 육본 등 주요시설 점거 계획과 총리 등 정부요인 체포계획, 가두방송과 전단 공중살포 계획이 지시되었다.

행정반은 정부의 권력구조 및 정책안 작성에 박차를 가하는 한편 국민, 학생, 재향 군인, 유엔군 사령관에게 보내는 메시지 작성에 골몰했다. 행정책임자 이석제 중령은 명치유신 등 외국의 혁명 사례들을 연구했다.

그러나 거사 기밀이 누설되어 날짜가 변경되었다. 거사를 불과 다섯 시간 앞둔 시점에서 계획이 발각되었기 때문이다.

그리고 한 달이 지난 5월 어느 날, 대구 부사령관 집무실에서 이주일, 박기석과 함께 자리를 했다. 이 자리에서 박정희가 말했다.

"시기를 놓칠 우려가 있으니 다음 주 초에는 결행을 할 거요. 대구는 박 대령이 책임져 주시오. 나는 오늘 당장 상경하여 준비를 하겠소. 확실한 거사 일시는 준비되는 대로 다시 연락하겠소."

박기석 대령은 비로소 거사를 결행한다는 것을 실감했다.

"이곳은 걱정 마시고 올라가십시오. 예전에도 말씀드렸던 대로 얼마 전에 참모총장으로 올라가신 장도영 장군을 모시고 거사하시는 것이 좋겠습니다."

박정희도 동의한다는 듯 고개를 끄덕였다.

"물론 그렇게 할 겁니다. 성공하면 서울에서 다시 만나고, 실패하면 이것이 마지막이 될 것이오."

그의 말은 비장했다.

곧장 대구를 떠나, 비행기를 타고 서울로 올라갔다.

5월 14일 오후, 육군 방첩대 산하 서울지구대 대장인 이희영 대령과 육군본부 직할 제15범죄수사대 방자명 중령이 신당동 박정희의 집을 방문했다. 서울 지역의 두 수사기관장은 박정희의 혁명 모의를 알고 있었다.

그런 판에 박정희는 두 사람을 앉혀 놓고는 동석한 혁명파 김동하를 소개시키고, 쿠데타 이야기를 했다.

"군이 한번 나서서 깨끗이 쓸어버린 뒤 병영으로 돌아간 다음에 정치를 감시하다가 마음에 안 들면 또 나오면 되는 거야. 이게 버마 네윈식이지."

박정희는 이낙선 소령에게 친서를 지참시켜 1군사령부 장교들에게 보냈다. 대구에 있는 이주일 2군 참모장에겐 "모레 친구의 결혼식이 있어 못 내려간다"고 전화했다.

모레, 즉 16일에 거사한다는 뜻이었다.

14일 밤 박정희는 신당동 자택에 머물면서 김종필이 가져온 혁명공약, 각계에 보내는 호소문, 포고령 등의 문안을 검토했다. 자정을 넘겨도 끝나지 않아 다음날 다시 하기로 했다.

밤늦게 문재준 6군단 포병사령관이 박정희로부터 지침을 받으러 왔다. 이날 밤 공수단 대대장 김제민 중령의 집에는 박종규 소령, 차지철 대위 등 11명의 팀장이 모여 장면 총리 집무실이 있는 반도호텔 점령 계획을 논의했다.

5월 15일은 월요일. 청파동 숙명여대 앞에 살던 김종필은 아침에 군복으로 갈아입고 신당동 처삼촌 집으로 향하면서, 만삭의 아내 박영옥을 향해서 한마디 했다.

"하느님이 도우시면 당신과 또 만날 수 있겠지. 자고로 유복자는 대개 아들이라고 하니까, 설령 내가 죽더라도 그놈만은 잘 키워주시오."

5월 15일 오전 11시쯤 서울 종로구 안국동 광명인쇄공사 이학수 사장실의 문을 두드리는 사람이 있었다.

"내일 미명을 기해서 거사하기로 하였소."라고 하자 이학수는 "제가 맡은 일은 완수하리다. 염려 마시오."라고 했다.

"이형, 제가 안내할 테니 박 장군한테 갑시다. 이형을 만나

자고 합디다."

신당동으로 달리는 차중에서 김종필은 이 사장의 손을 잡더니 귀엣말로 "오늘처럼 시간이 안 가는 날도 처음이오"라고 했다.

신당동 박정희 집에 들어가니, 한웅진 육군 정보학교장이 먼저 와 있었다.

"이형, 잘 오셨소."

인사를 나누는데 육영수가 들어왔다.

"여보, 인사하시오. 이분이 이주일 장군의 친척 되시는 이학수 씨요."

박정희는 이학수를 안방으로 데려갔다. 혁명공약과 혁명취지문, 포고문 초안을 꺼냈다.

박정희는 "포고문의 인쇄는 혁명군이 서울 시내로 진입한 뒤에 시작하라"고 했다. 확정된 혁명공약과 포고문 인쇄원고는 김종필이 밤에 전해주기로 했다. 박정희는 이렇게 당부했다.

"이 사장, 사전이나 작업 중에 경찰이나 수사기관에 붙들려가는 일이 있더라도 15시간만은 입을 열지 마시오. 공장 직원들이 작업하는 동안에 기밀이 누설되지 않게 잘 해주시오."

박정희는 옆에 앉아 있던 김종필에게도 지시했다.

"경호원 3, 4명을 데리고 가서 직접 작업을 감독하게. 그리고 순찰 경관이 오거든 입을 막고 잡아둬."

광명인쇄소로 돌아온 이학수 사장은 공장장을 불렀다.

"오늘 밤 공보실에서 급한 원고가 나와서 철야작업을 해야 하겠으니, 야근할 사람들을 뽑아 대기시키시오. 저녁 식사도 모두 공장에서 하도록 이르시오."

이학수는 식사를 끝내고는 집으로 갔다. 잠든 처자식의 얼굴을 바라보면서 불안한 가슴을 달랠 길이 없었다. 자정 직전 전화가 울렸다.

그는 전화벨 소리를 듣고 일어난 아내에게 "오늘 야간작업이 있어 공장에서 밤샘을 해야겠다."면서 자식들 얼굴을 한 번 더 내려다보고는 공장으로 향했다. 야간작업 인원들을 파악한 다음 그는 김종필이 오기를 기다렸다.

박정희, 김종필, 민간인 장태화, 그리고 좀 늦게 합류한 이낙선 네 사람은 안방에서 어제 끝내지 못한 혁명공약, 포고령, 정부기구표 등의 문안 검토작업을 계속했다.

박정희는 혁명공약 발표자 명의를 군사혁명위원회 의장 장도영 육군참모총장으로 하도록 지시했다.

김종필은 반발했다. "그런 사람을 왜 우리가 모셔야 합니까?" 하고 대들다시피 했으나, 박정희는 자신의 뜻을 굽히지 않았다.

혁명 이후 정권안정과 권력구조의 대강을 결정한 이날의 문건 검토작업이 이뤄진 신당동의 작은 안방은 새로운 정권을 탄생시킨 산실이기도 했다.

방 안은 담배 연기로 자욱했다. 박정희가 말했다.

"이 담배도 오늘이 마지막이군."

내일 쿠데타에 실패하면 양담배를 피울 수가 없게 될 것이다. 만약 성공해도 지도층의 입장에서 양담배를 피울 수가 없게 될 것이니, 어차피 양담배는 이것이 마지막이란 뜻이었다.

육영수가 차려온 저녁을 먹는데, 김종필이 이은상에게 집필을 부탁해 두었던 '국민에게 보내는 메시지'가 도착했다.

네 사람은 글을 돌려가며 읽어보았다. 내용이 너무 유약하고 박력이 없다고 판단하여 보류하기로 했다.

이날 신당동 자택에는 혁명파 장교들이 자주 들락거렸다. 오전엔 진해 육군대학에서 공부하고 있던 육사 8기 정문순 중령이 찾아와서 '민주당사 점령'이란 임무를 받아갔다.

광주 항공학교장 이원엽 대령, 보병학교 참모장 최재명 대령도 찾아왔다. 박정희는 이원엽에게 '전국 주요도시에 혁명의 취지를 알리는 전단을 뿌려라'고 지시했다.

이낙선은 혁명이 성공한 다음 장도영에게 전달할 박정희의 편지 초안을 작성했다. 점심 무렵엔 박종규 소령이 와서 김종필에게 반도호텔 작전계획을 현장에서 점검한 결과를 보고했다.

박정희는 국방대학원에서 공부하고 있던 윤태일, 송찬호 준장에게 전화를 걸어 오후 5시까지 와달라고 했다. 이 두 사람이 나타나자 박정희는 이낙선이 작성한, 장도영 앞으로 보내는 박정희의 편지를 건네주면서, 거사가 시작된 이후 찾아가서 편지를 전하고 군사혁명에 가담하든지, 아니면 방해는 하지 말도록 설득해 줄 것을 당부했다.

박정희는 육본 교육처장 장경순 준장에게 전화를 걸어 오후 6시까지 와달라고 했다. 장경순은 왜 자기를 불렀는지 모른 채 신당동에 도착했다. 박정희는 단도직입적으로 말했다.

"장 장군, 내일 거사야."

1961년 5월 15일 육영수는 신당동 집에서 중대한 일을 앞두고 주변을 정리하는 모습을 보였다. 두 딸을 학교로 보낸 뒤 그녀는 집안일을 거들어 주던 아줌마를 불렀다.

"고향에 가서 2, 3일 쉬다가 와요."

"갑자기 고향은 왜요?"

"날씨도 좋고 하니 쉬어 오라고 그러는 거예요."

육영수는 차비를 주어 보냈다. 이날 박정희를 찾아오는 손님들이 잇따랐다. 완고한 아버지의 반대를 뿌리치고 박정희와 결혼한 딸과 줄곧 같이 살아왔던 이경령은 딸의 거동이 수상스러워 물었다.

"이 바쁜데, 무슨 빨래냐? 무슨 일이 있느냐?"

"아무 염려 마세요. 어머닌 모르셔도 괜찮으세요."

밤이 되었다. 육영수는 근혜, 근영, 지만 3남매를 이경령이 데리고 안방에서 주무시도록 했다. 육영수는 빨래를 한 가지씩 다리미로 다려 차곡차곡 챙기고 있었다.

밤 10시가 지났다. 육영수는 박정희가 있던 방으로 건너갔다. 박정희는 장태화, 김종필, 이낙선과 함께 일어나 출동 준비를 하고 있었다. 육영수는 "저 보세요"라고 불렀다.

"근혜, 숙제 좀 봐주시고 나가세요."

박정희는 서슴없이 "어, 그러지" 하고 아내를 따라 나갔다. 박정희는 책상에 앉아 공부를 하고 있던 초등학교 5학년생 근혜를 굽어보고는 윗목 외할머니 곁에서 잠들어 있는 근영, 지만에게 눈길을 주고 나왔다. 장태화가 "무슨 숙젭니까?" 하고 물었다.

훗날 박근혜는 이렇게 기억한다.

"그날 아버님께서 들어오셔서 저를 한번 보고 나가신 것은 기억나는데, 무슨 숙제를 하고 있었는지는 기억에 남아 있지 않아요. 어머님께서는 집안을 정리하고 계셨습니다. 그날은 집안이 평소와 다르게 긴장되어 있었으나, 저는 무슨 일이 있는지 알 수 없었습니다. 나중에 생각하니 어머님께선 만약의 사태에 대비하여 주변을 정리하신 것으로 생각됩니다."

군 작업복으로 갈아입은 박정희는 아내가 작은 가방에서 꺼내 주는 권총을 찼다. 그러고는 군화를 신은 채 마루의 의자에 앉았다. 잠시 후 박정희는 육영수의 얼굴을 뒤로한 채 신당동 집을 나섰다.

1961년 5월 16일 새벽, 박정희가 이끄는 3,500여 명의 군인들은 한강교를 건너기 시작했다. 그날 새벽 3시 30분 박정희는 제1한강교를 넘어 제2공수여단을 서울로 진입시키는 데 성공했다. 초기 출동병력이었던 해병대와 공수단, 제23사단도 서울로 진입하기 위해 노량진까지 들어왔다.

제1한강교는 헌병들이 지키고 있었는데, 혁명군의 도강에 필사적으로 저항했다. 피아간에 총알이 빗발쳤다. 박정희는 총알이 날아오는데도 고개를 들고 혁명군의 제일선에서 한발 한발 걸어 들어갔다.

박정희는 그의 일기에서 감정을 잘 드러냈다.

"우리가 언제까지 이렇게 살아야 하는가! 실의와 좌절, 굶

주림과 허탈, 원망으로 가득 찬 저 군상들을 어찌한단 말인가! 저 아이들에게 무슨 잘못이 있단 말인가! 그래도 이 나라 정치인들은 권력에만 눈이 어두워 감투싸움으로 세월만 보낼 것인가! 아니다! 이 나라 정치인들의 버릇을 고쳐놓아야 한다. 우리도 남의 도움 없이 살 수 있는 나라를 만들어야 한다. 그러기 위해서는 국민들의 정신부터 뜯어고치고, 사회 구석구석에 쌓인 먼지를 확 쓸어내지 않으면 안 된다. 사회 개혁! 정치 개혁!"

총격전이 벌어졌으나 불과 두 시간도 안 되어 헌병들이 제압되었다. 예상외로 헌병들의 저항이 거세자 혁명군 일부에서 당황하는 기색이 역력했다. 그러나 박정희의 태도를 보고 목숨을 던지겠다는 각오를 다졌다.

강을 건넌 혁명군은 중앙청, 시청, 의회 등 정부의 주요시설을 접수했다. 대통령과 각료들은 연금되거나 체포되었다.

혁명군은 남산의 KBS 방송국을 점령했다. 당직 아나운서는 국민들에게 익숙한 목소리의 박종세였다.

"나, 박정희요."

키가 작달막한 소장 계급장의 사내가 손을 내밀었다. 그리고 자신이 혁명을 하지 않을 수 없었던 이유를 설명했다.

박종세는 '아! 적어도 혁명공약을 낭독할 사람은 그 뜻을 납득해야 한다고 생각하고 있구나!'라는 것을 느낄 수 있었다.

새벽 5시 2분!

박종세 아나운서의 목소리가 흘러나오고 있었다.

"은인자중하던 군부가 조국의 위기를 극복하기 위해 궐기했습니다."

곧이어 혁명공약을 읽어 내려갔다.

1. 반공을 국시의 제1로 삼고 반공태세를 재정비 강화한다.
2. 미국을 위시한 자유 우방과 관계를 공고히 한다.
3. 모든 부패와 구악을 일소하고 청렴한 기풍을 진작시킨다.
4. 민생고를 시급히 해결하고 국가 자주경제의 재건에 총력을 경주한다.
5. 국토통일을 위하여 공산주의와 대결할 수 있는 실력을 배양한다.
6. 양심적인 정치인에게 정권을 이양하고 군은 복귀하여 본연의 임무를 다한다.

5·16 혁명공약은 국민들로부터 지지를 받았으나, 유엔군 사령관 매그루더 대장이 혁명을 부정했다. 윤보선 대통령도 군

사혁명을 반대한다는 뜻을 분명히 했다. 그러나 박정희는 이러한 반대에도 불구하고 행정, 사법, 입법의 3권을 군사혁명위원회에 귀속시켰다.

당시 장면 총리는 집무실인 반도호텔에서 수유리에 있는 갈멜 수녀원으로 피신하여 행방이 묘연했으나, 일주일 후 혁명군의 설득으로 나타났다.

세상은 5·16 혁명군의 편이 되었다. 박정희의 목표는 잘사는 국가의 건설이었다. 좀 더 구체적으로 설명하면 가난에서 벗어나 굶지 않고 하루에 밥 세끼를 먹을 수 있도록 만드는 것이었다.

비전, 가치, 전략, 과제를 제시하라

리더십 실행원리 4

비전Vision이란 명확하고 도전적인 청사진이다.

"박정희는 한국이 저울의 거의 밑바닥에서 20세기를
시작하여 거의 꼭대기에서 20세기를 마감하는 데 기
여하였다."

−브루스 커밍스

이 땅에서 가난을
몰아내자

비전Vision이란 조직이 미래에 가고자 하는 모습이다. 달리 표현하면 목적지라 할 수 있다. 이는 지도자의 몫이다. 만일 리더가 가고자 하는 목적지를 선명하게 제시하지 못한다면 그는 분명 자신의 역할을 다하지 못하는 것이다. 특히 상황이 불확실하거나 위기상황에 닥칠 때는 더욱 그러하다. 리더가 되려면 보이지 않는 것을 볼 수 있도록 선명한 비전을 제시하여야 한다.

조용한 아침의 나라! 인도의 시성 타고르는 조용한 아침의 나라 조선이 '동방의 밝은 빛'이 될 것이라고 예고했다. 한국의 아침은 절대 고요 자체였다. 그러나 이는 아름다운 목가적 풍경일지는 몰라도 백성은 헐벗고 굶주렸다.

박정희가 "나라님도 가난 구제는 못 한다"는 우리 민족의 오랜 체념을 씻어내기 위해 국민에게 제시한 비전Vision은 '조국 근대화'였다. 이 비전은 반드시 이룩해야만 하는 대한민국의 미래 모습으로 국민들에게 궁극적인 목적과 방향성을 제공하였다. 그는 국가적 가난에서 벗어나겠다는 강한 집념을 가지고 있었다.

'조국 근대화'라는 비전은 케네디 대통령의 '인간을 달에 보낸다', 빌 게이츠의 '모든 가정의 책상 위에 컴퓨터를 놓게 하겠다'라는 비전과 같이 당시에는 존재하지 않는 현실이었다.

5·16 혁명 당시의 상황은 전쟁의 폐허가 복구되지 못한 채 민생이 도탄에 빠져 있었다. 연간 국민소득이 1백 달러가 안 되는 전형적인 후진 농업국가였다. 1960년 10월에 발간된 미국의 권위지 《포린 어페어스》는 당시 한국의 절박했던 경제사정을 다음과 같이 표현했다.

"실업자는 노동인구의 25%, 1960년의 1인당 GNP는 100달러 이하이고, 전력 산출량은 멕시코의 6분의 1, 수출은 200만 달러, 수입은 2억 달러, 이래서 한국의 경제 기적 가능성은 전혀 없다. 한국에 대한 미국의 원조계획의 가장 실망스런 국면은 원조계획이 생활수준을 꾸준히 향상시킬 만한 성장을 가져오지 못한 데 있다."

그러나 이러한 어려움에도 불구하고 박정희는 1961년 집권

이후 '조국 근대화'를 국가의 최고 목표로 설정하고 이것을 국가의 미래와 연결시키는 정치적 비전으로 삼았다. 그의 '조국 근대화'에 대한 집념은 정치이념을 넘어선 하나의 종교요 희망이었다. 이러한 비전은 국민들의 삶 속으로 스며들었다.

박정희는 평소 "우리의 후손들이 우리 세대에게 조국을 위해 어떠한 일을 했느냐고 물었을 때 우리는 서슴지 않고 조국 근대화의 신앙을 가지고 일하고 또 일했다고 떳떳하게 대답할 수 있게 합시다."라고 다짐했다. 이러한 다짐은 국민들에게 희망을 주었고 감동을 주었으며 국민을 움직이게 했다.

그의 '조국 근대화'는 피폐한 국가 현실을 직시한 적극적인 문제의식과 책임의식에서 비롯된 하나의 정책 목표였고, 국가 미래에 대한 여러 가지 희망들의 종합이었다.

또한 박정희의 '조국 근대화'는 민중적 차원에서도 국민들의 가장 절실한 요구를 반영하였다. 그는 가난을 현실로 체험한 당대의 보통 서민이었다. 꽁보리밥과 생된장의 점심이 하도 쑥스러워 차마 도시락을 밖으로 꺼내지 못하고 책상 밑에 숨기고 먹었던 궁핍한 어린 시절을 보낸 그였다.

이처럼 박정희는 자신의 어려웠던 어린 시절 속에서 역사적이고 체험적인 통찰력으로 당대의 민족적, 민중적 집합의지를 꿰뚫어 보았고, 따라서 '가난의 근절'을 최우선의 국정과제로 삼았다.

땀을 흘려라! 돌아가는 기계 소리를 노래로 듣고…….
이등객차에서 불란서 시집을 읽는 소녀야.
나는 고운 네 손이 밉더라.

박정희는 자신의 저서에서 자신이 미운 대상으로 설정한
'고운 손' 아래서 희망을 잃고 살아온 국민들에게 '우리도 할 수
있다' '우리도 하면 된다'는 자신감을 불어넣는 것이 급선무였
다. 그리하여 그는 '경제 지상' '건설 우선' '노동 지고至高'를 제시
했다.

그리고 그는 지도층에게는 '민족중흥'이라는 비전으로, 그
리고 가난을 일상으로 살아왔던 서민들에게는 '잘살아 보세'라
는 슬로건으로 격려하고 희망과 용기를 북돋았으며, 배고픔의
시름을 덜어주었다. 이러한 비전은 미래의 모습을 그리기에 충
분했고, 매력적이며 역동적이었다.

그렇다면 박정희는 '조국 근대화'를 위한 모델을 어디에서
찾았을까? 그것은 미국이나 유럽이 아닌 일본이었다. 그는 일
본 육사라는 엘리트 코스의 교육을 받았으며, 그 과정에서 일본
이 명치유신으로 단기간에 강력한 근대 국가로 탈바꿈한 것에

감명을 받았다.

박정희는 '조국의 근대화와 민족중흥'이라는 꿈과 미래상을 국민에게 제시하고 꾸준히 실천하면서 '하면 된다' '잘살아 보자'고 호소하고 국민의 단결을 고무시켰다.

또한 박정희는 "우리 세대에 조국이 반드시 근대화될 수 있다는 확신과 신앙을 가지고 있어야 한다. 미래에 대한 자신, 이것이야말로 보다 큰 발전을 가능케 하는 약진의 추진력이며 조국 근대화를 이룩할 수 있는 원동력이 아닐 수 없다. 근대화의 신앙에 의해서 우리의 조국은 통일될 것이고, 기필코 복지국가의 건설은 이룩되고야 말 것이다."라며 "우리도 잘살 수 있다"는 미래 비전을 제시하여, 실의에 빠지고 무기력한 국민들에게 희망과 용기를 심어주었다.

이러한 박정희를 두고 타임지 기자 창S. Chang은 "자기 비전 Vision에 신들린 거사, 즉 비전을 가진 지도자이다."라고 평했다.

일류국가의 비전 리콴유와 박정희

리콴유는 박정희를 아시아에서 위기에 처한 나라를 구한 지도자로 중국의 등소평, 일본의 요시다 시게루와 함께 꼽았고

"오직 일에만 집중하고 평가는 후세에 맡겼다."라고 평했다.

그가 이끈 싱가포르는 현재 전 세계에서 가장 효율적인 무역과 금융의 중심지이며 고도의 과학기술 집약적 산업과 서비스의 중심지로, 세계 정치, 경제에서 중요한 역할을 담당하고 있다. 싱가포르는 단기간에 극적인 성장을 이루어 낸 나라로도 유명하다.

1824년부터 1963년까지 영국의 지배를 받았고, 1963년부터 연방의 일부였던 싱가포르는 1965년만 해도 더 나빠질래야 나빠질 수 없을 정도로 심각한 상황이었다. 척박한 모래땅에 천연자원도 거의 없는 인구 200만의 작은 도시로, 인구의 75.4퍼센트는 중국계, 13.6퍼센트는 말레이계, 8.6퍼센트는 인도계였다. 다양한 민족으로 구성되어 민족분쟁도 끊이지 않았다. 싱가포르 남쪽에는 인구 1억이 넘는 인도네시아, 북쪽에는 인구 628만의 말레이시아가 있어, 커다란 나라들 사이에 낀 채 복잡하고 어려운 여건을 고스란히 겪었다. 그때까지만 해도 싱가포르는 강대국의 속국이 될 운명을 타고난 나라, 독립유지 자체가 불가능한 나라였다.

그러다가 1965년 독립 후 괄목할 만한 성장을 이루었는데, 그 성장의 중심에는 리콴유 수상이 있었다. 당시 싱가포르는 인구 증가와 경제기반 미비, 공산주의자들의 파업과 영국군

철수 등 국가적 과제에 당면해 있었다. 영국군의 철수에 따라 영국 기지에 근무했던 민간인 노동자들과 군무원 약 4만 명이 1960년대 후반 줄줄이 실직하는 바람에 실업률이 14퍼센트에 달했다. 이를 대체할 수 있는 일자리가 필요했다. 그런데 인구는 계속 늘어났다. 주택, 병원, 학교 등의 증설이 절실했다. 경제기반이 미비하고, 자원이 부족한 상황에서 국민에게 일자리를 제공할 수 있는 방법은 수입대체 사업인 제조업의 활성화뿐이었다. 그러나 그것도 여의치 않았다. 원자재가 없어 그것들도 모두 수입해야만 했고, 기술자와 기능공이 필요했으나 훈련된 이들이 없었다. 제조업에 투자할 자본도 3, 4억 달러 정도 필요했고, 부가적으로 필요한 기간산업 설비비도 충분하지 못했다. 이런 상황에서 공산주의자들은 세력권 확대를 위해 전략적 차원의 좌파 노동조합 파업을 계속했다.

그런 상황에서 리콴유는 1959년 6월 5일 총리 취임사에서 '비전 1·2·3·4·5'를 발표했다. 영국 유학을 마치고 돌아온 그는 영국 '페이비언 사회주의'에 영향을 받아 반식민지주의자, 반공산주의자, 철저한 실용주의자가 되어 있었고, 변혁을 갈망하며 민주사회주의를 채택한 것이다. 그는 영국의 식민지에서 벗어나 독립 국가를 건설하는 것을 정치 제1의 목표로 삼고, 제도 개선을 통해 부와 기회의 균등을 이룩하려 했다.

리콴유의 국가 비전은 간단명료했고, 그것은 국민들을 감동시켰다. 싱가포르를 아시아 최빈국에서 세계 선진국으로 끌어올린 리콴유의 싱가포르 비전은 '비전 1·2·3·4·5'였다.

우선 '1'은 한 명의 부인, '2'는 두 명의 자녀, '3'은 세 개의 침대가 있는 아파트, '4'는 네 개의 바퀴가 달린 자동차, '5'는 개인당 국민소득 500달러의 부유한 싱가포르 건설을 위한 비전이었다. '한 명의 부인'은 구체적으로 당시 성적으로 문란했던 싱가포르에서 가족의 가치가 중시되는 도덕사회를 건설하기 위한 실천이었다. '두 명의 자녀'는 당시 인구증가와 빈곤의 상관관계를 끊기 위한 조치였다. '세 개의 침대가 있는 아파트'는 1가구 1주택 건설이라는 복지사회 건설 목표로 이어졌고, 성공했다. '네 개의 바퀴가 달린 자동차'는 당시 서민들에게 부의 상징이었던 자동차 소유의 꿈을 간직하게 함으로써 국민적 지지기반을 조성했다. '개인당 국민소득 500달러'의 금융사회는 세계 바닷길에서 중요한 위치에 자리 잡은 최고의 천연 항구라는 자산을 극대화하면서 싱가포르를 금융 중심의 중계무역 국가로 성장시킨다는 국가적 비전이었다.

리콴유는 이를 '일류국가 비전'이라고 표현하면서 가족 가치가 중시되는 '도덕사회', 주택이 저렴하게 공급되는 '복지사회', 국민소득을 높일 수 있는 '금융사회', 이렇게 세 가지로 정리해 하나씩 실천해 나갔다. 그리고 마침내 오늘날과 같이 번영한 도시국가를 만들었다. '비전 1·2·3·4·5'라는 리콴유의 비전과 그의 리더십이 싱가포르 국민들에게 꿈과 희망을 심어주고, 그들을 결집시킨 덕분에 가능한 일이었다. 이와 같은 비전은 박정희의 '조국 근대화'라는 비전과 일맥상통한 것으로 그는 비전의 지도자였다.

의기투합한 박정희와 이병철

5·16 직후 군인들은 주요 경제인들을 부정축재자로 몰았다. 혁명 직후 발표했던 부정축재자 11명의 기업인 가운데 1호가 이병철이었다. 이병철과 박정희는 태생이 달랐지만 당시 상황과 민족적 비전에 대한 공감을 바탕에 깔고 있었기 때문에 큰 차원에서 협력이 가능했다. 당시 '민족자주 경제냐? 수출 중심과 공업 위주의 경제냐?'를 둘러싸고 혼선이 심했다.

당시 이병철은 신문 기고를 통해 논의를 간접적으로 유도해 냈다. "우리는 영국 산업혁명 이전으로 돌아가서 경제발전을 고전적 코스를 밟아 내려올 시간이 없다. 과감하게 순서를 바꾸어 공업화를 먼저 하고, 대기업에서부터 출발하여 중소기업으로 내려가는 방식을 취해야 한다. 농촌을 구제하는 것은 과감한 외자도입에 의한 공업화를 통해 가능하다." 이는 박정희의 문제 의식과 너무도 같았다.

박정희와 이병철의 첫 만남은 1961년 6월 독대였다.

박정희는 "기탄없이 말해 주십시오." 점잖게 말했다.

이병철은 "부정축재자로 지칭되는 기업인에게는 아무 죄가 없다고 생각합니다." 당당했다.

"기업하는 사람의 본분은 많은 사람에게 일자리를 제공하면서 생계를 보장해 주는 한편 세금을 납부하는 것이다. 이른바 부정축재자를 처벌한다면 그 결과는 경제위축으로 나타난다." 는 이병철의 말에 박정희는 "부정축재자를 풀어준다면 국민들이 납득을 할까?"로 반문하자 "국가가 필요하다면 국민을 납득시키는 것이 정치가 아니겠는가?"라고 이병철은 답했다.

이에 박정희는 웃으면서 "다시 한 번 만날 기회를 줄 수 없겠느냐?"고 물었다. 이들 사이에는 충돌보다는 의기가 투합된 것이다.

이병철은 1961년 8월 16일 〈전국경제인연합회〉를 발족시켜 초대 회장을 맡았다. 전경련은 발 빠르게 움직였다. 1961년 11월 민간 외자 교섭단을 미주 지역에 파견했고, 이어 일본, 유럽에도 파견했다.

군사정부는 1963년 여름까지 민정 이양 시기를 놓고 엎치락뒤치락했고, 공화당 창당 문제로 몸살을 앓았다. 그러나 경제정책은 울산 공업단지 조성, 1962년 2월 경제개발 5개년계획 발표 등 초반부터 체계적으로 이뤄졌다.

박정희는 이병철을 비롯한 경제인들과 국가 경제건설을 의논하여 기업인들의 자발적 참여를 이끌어 냈고, 이병철 등 경제인들은 이에 적극 화답했다.

1962년 1월부터 울산 공업단지 조성에 착수했다. 이때 박정희는 국가재건최고회의 의장 자격으로 기공식에 참석하여 "4천년에 걸친 빈곤의 역사를 씻고 민족의 숙원인 번영을 위해 우리는 이곳 울산을 찾아 여기에 신생 공업단지를 건설하기로 하였습니다."라는 기념사를 하여, 참석자들을 숙연하게 만들었다.

1967년 7월 지역확장 공고를 통하여 울산 정유공장의 인접지 약 342만 ㎡를 석유화학 공업단지 부지로 선정함에 따라 단지의 윤곽이 표면화되기에 이르렀다. 1975년 6월 울산을 비롯한 미포 일대를 산업기지 개발지구로 지정, 고시함으로써 우리나라 중화학공업의 중추적 역할을 담당하게 만들었다.

이병철은 1910년 경상남도 의령에서 부유한 집안의 막내로 태어났다. 1934년 일본 와세다대학교에서 경제학을 공부하던

그는 각기병에 걸려 자퇴하고 귀국했다. 장래를 고민하던 그는 사업에 나서기로 결심하고, 1936년 마산에서 정미소를 세워 사업에 뛰어들었다.

1938년 자본금 3만 원으로 과일과 건어물 등을 수출하는 삼성상회를 열어 성공하자 1939년 대구의 조선양주를 인수했다. 여기에서 성공해 대구에서 제일가는 부자가 되었다. 해방 후 서울로 옮겨 1948년 삼성물산공사를 설립하여, 생필품 수출입으로 홍콩과 직교역을 통하여 무역업계 1, 2위를 다툴 정도로 성공했다. 그러나 모든 것이 6·25 전쟁으로 무너졌고, 사업을 접고 대구로 피난을 가야 했다.

전쟁이 끝나자 이병철은 부산에서 삼성물산주식회사를 재창업하여 대성공을 거둠으로써 1년 만에 자본금을 17배로 불렸다. 이후 사업은 탄탄대로를 달려 제일제당, 제일모직, 동양 라디오 및 텔레비전 방송, 중앙일보, 삼성전자, 삼성석유화학, 삼성중공업, 용인에버랜드, 삼성반도체통신 등을 설립했다.

삼성이 우리나라 1위 기업으로 성공하기까지 수차례 실패하는 등 시련을 겪었으나 이병철은 실패를 거울삼아 큰 성공을 거두었고, 한국경제 발전에 막대한 공헌을 한 그는 일명 '경영의 천재'라고 불린다.

리더십 실행원리 5

가치Value란 행동을 이끌어 가는 원칙이다.

부지런하고 스스로 하고
서로서로 돕자

가치Value란 구성원의 마음가짐이다. 때로는 윤리, 도덕으로도 표현된다. 가치는 영혼이다. 개인과 마찬가지로 영혼이 없는 조직은 영속할 수가 없다. 컴퓨터 보안업체를 일궈낸 안철수 박사도 이러한 조직의 영혼을 장려함으로써 성공하였다. 국가도 마찬가지이다. 가치를 장려하고 신장시키는 이유가 바로 여기에 있다. 가치는 조직이 가고자 하는 길을 흔들림 없이 걸어갈 수 있도록 하는 정신적인 버팀목이다. 지도자는 조직이 보다 도덕적이 되도록 노력하여야 한다. 도덕적인 분위기는 조직 구성원들에게 더욱더 자신감을 북돋아 주고 자긍심을 높여준다.

국가지도자는 국민이 간직해야 할 가치를 시대에 맞게 장려할 책임이 있다. 박정희는 정권 초기부터 이에 대한 중요성을 깊이 인식하고 체계적으로 장려하고자 노력했다. 그가 국민에게 제시한 가치는 근면, 자조, 협동이었다. 즉 '부지런하고 스스로 하고 서로서로 돕자'라는 것이었다. 이러한 가치는 '조국 근대화' 즉 '잘살아 보세'라는 비전을 중심으로 국민들을 결집시켰고, 한데 어우러져 성공을 위한 행동의 기초가 되었다.

박정희는 국민적 합의와 참여 속에서 국민적 에너지가 불타지 않는 한 경제발전은 불가능하다고 생각했다. 이를 위해서는 우선 국민의 의식 속에 잠재된 패배의식을 타파하고 자신감으로 개조하는 정신혁명이 필요하다고 생각했다.

따라서 국민적 자신감을 '제2의 경제'라고 할 정도로 중요시했다. 대통령이 앞장서서 불가능하게 보였던 사업 구상을 하나하나 실현시키면서 점차 국민들도 '우리도 하면 된다.'는 자신감을 갖기 시작했다. 1970년대에 시작된 새마을운동은 국민적 합의와 참여, 나아가서 자신감을 일깨워 준 일대 정신개조 혁명이었다.

1960년대 초까지도 "우리는 가난하게 살 수밖에 없다. 선진국을 넘본다는 것은 분에 넘친다."는 일종의 패배의식이 있었다. 자신감을 상실하고 자학하면서 살았다. 이러한 의식구조에는 변화의 여지가 없었다.

따라서 경제발전을 위해서는 국민의 잠재의식 속에 내재된 정신적 역량이 반드시 발현되어야 한다고 생각했다. 이것이 이른바 '제2의 경제'였다. 박정희는 리더십을 현명하게 구사하여 국민들이 잠재적 역량을 발휘할 수 있도록 전기를 마련해야 한다고 믿었다.

1960년대의 국가재건 운동, 국민교육헌장, 제2경제 운동, 그리고 1970년대의 새마을운동 등 캠페인 운동을 통해서였다.

5·16 혁명 후 혁명이념에 입각하여 국가재건 운동을 전개하여 사회 전반에 걸쳐 국민적 일체감을 조성하고자 노력했다. 또한 1968년 12월 5일 국민교육헌장을 선포하여 국민의 정신 자세를 강조하였다.

국민교육헌장은 박종홍 등 기초위원과 심사위원이 초안을 작성하고 1968년 11월 26일 국회의 만장일치 동의에 따라 대통령이 12월 5일 발표한 헌장으로, 이후 각 학교 교과서의 첫머리에 인쇄되는 등 새마을운동과 함께 20여 년간 적극적으로 보급되었다.

국민교육헌장 전문全文

우리는 민족중흥의 역사적 사명을 띠고 이 땅에 태어났다. 조상의 빛난 얼을 오늘에 되살려, 안으로 자주독립의 자세를 확립하고, 밖으로 인류 공영에 이바지할 때다. 이에, 우리의 나아갈 바를 밝혀 교육의 지표로 삼는다.

성실한 마음과 튼튼한 몸으로 학문과 기술을 배우고 익히며, 타고난 저마다의 소질을 계발하고, 우리의 처지를 약진의 발판으로 삼아, 창조의 힘과 개척의 정신을 기른다. 공익과 질서를 앞세우며 능률과 실질을 숭상하고, 경애와 신의에 뿌리박은 상부상조의 전통을 이어받아, 명랑하고 따뜻한 협동 정신을 북돋운다. 우리의 창의와 협력을 바탕으로 나라가 발전하며, 나라의 융성이 나의 발전의 근본임을 깨달아, 자유와 권리에 따르는 책임과 의무를 다하며, 스스로 국가 건설에 참여하고 봉사하는 국민정신을 드높인다.

반공 민주 정신에 투철한 애국 애족이 우리 삶의 길이며, 자유세계의 이상을 실현하는 기반이다. 길이 후손에 물려줄 영광된 통일 조국의 앞날을 내다보며, 신념과 긍지를 지닌 근면한 국민으로서, 민족의 슬기를 모아 줄기찬 노력으로 새 역사를 창조하자.

1968. 12. 5. 대통령 박정희

박정희는 1973년 신년사를 통해 "근면, 자조, 협동의 새마을운동 정신을 농촌과 도시의 구별 없이 각기 자기의 생활영역에서 발휘하여 농촌에서는 소득증대에, 기업가는 경영합리화에, 그리고 근로자는 생산증가에 각기 전념함으로써 국력배양에 이바지하자."고 강조했다.

박정희는 새마을운동의 역사적 의의를 '조국 근대화'의 행동철학이자 '조국 근대화'를 지향하는 범국민적 일대 약진운동이라고 밝혔다. 새마을운동은 '조국 근대화'의 행동철학이며, 그 정신은 '근면, 자조, 협동'으로 '부지런하고 스스로 하고 서로서로 돕자'라는 마음가짐은 박정희 시대의 확고한 가치로서 자리매김하기 시작했다.

'빨리 빨리' '끝없는 도전' '부지런함' '낮에도 일하고 밤에도 일하는 민족' 등 이렇게 한국 국민성을 대표하는 언어들이 이때부터 태동하기 시작했다.

박정희는 "새마을운동은 하나의 행동철학이다. 말이나 이론만 가지고 되는 것이 아니라 여기에는 반드시 실천과 행동이 따라야만 하는 것이다. 피와 땀이 필요한 것이다."라며 근면을 강조했다.

그는 "인류문명이 아무리 발달한다고 하더라도 그저 놀고 먹는 사회는 오지도 않을 것이며, 설령 온다고 하더라도 그것은 결코 바람직한 것은 아니다. 자기의 능력에 따라 부지런히 일하는 데서 삶의 보람을 찾고 생산에 기여하는 창조적인 활동에서 정당한 대가를 받는 사회야말로 우리가 바라는 인간사회라고 할 수 있다."고 강조하였다. 이는 존 듀이John Dewey의 실용주의 철학과 맥락을 같이하고 있다.

박정희는 한민족이 자기 스스로 자립해서 살지 못하고 항상 강대국의 보호와 거기에 의존해서 살아왔다며 '스스로'를 강조했다.

박정희는 그의 저서 '민족중흥의 길'에서 "누구의 도움을 바라기에 앞서 스스로 자기의 운명을 개척하려고 노력하고, 남을 탓하기 전에 스스로 책임을 지려는 자립에의 의지가 있어야 비로소 개인도 잘살게 되고, 국가도 일어설 수 있는 것이다. 이러한 우리의 방침과 노력은 헛되지 않았다."라고 지적하였다. 그래서 역경 속에서도 칠전팔기의 분발 끝에 자조와 자립의 정신으로 영농에 성공한 사람들이 나타나고, 또 지역사회를 개발한 지도자들이 있기에 한국농촌의 근대화는 가능했던 것이라고 강조했다.

박정희는 "한민족이 흔히 개인적으로는 우수하지만 단결력이 부족한 것처럼 채색되어 있다."며 '서로서로 돕자'고 부르짖었다.

우리 민족은 국난 극복의 역사가 증명해 주듯 "오랜 농경생활을 해오는 동안 자연과의 협조, 인간과의 협동을 생활의 원리로 살아온 민족이다. 그러나 아직도 한국사회에서 자기가 하는 일은 다 옳고 남이 하는 일은 다 그르다고 하는 풍조가 없지 않으므로, 이와 같은 타성을 바로잡아 우리 민족 미래의 성격인 화합단결의 협동성을 보여주어야 한다."고 강조했다.

박정희는 근면, 자조, 협동이라는 국민적 가치를 제시하고 이를 확산, 전파하는 데 있어서도 뛰어난 자질을 발휘했다. 노래를 직접 자작하였다. 한 국가 지도자의 염원을 담은 것이다. 새마을 노래에서 "서로서로 도와서(협동), 땀 흘려서 일하고(근면), 소득증대 힘써서 부자마을 만드세, 살기 좋은 내 마을 우리 힘으로 만드세(자조)"라고 부르게 하여 자연스럽게 의식화하고 실천하도록 유도하였다. 이 새마을 노래에 담긴 뜻은 바로 근면과 자조와 협동의 정신으로 잘사는 마을, 잘사는 국가, 그리하여 희망찬 역사를 창조하자는 바람과 의지였다.

박정희와 지식인들

박정희는 1970년 대통령 특보 제도를 신설했다. 국내정치는 서울대 장위돈, 농업경제는 서울대 박진환, 세제는 고려대

김명윤, 국책운용은 성균관대 장동환, 정치는 연세대 함병춘, 교육은 서울대 박종홍이 각각 임명되었다.

특히 해방 이후 최고의 철학자로 평가받고 선비적 지식인의 전형이었던 박종홍이 세상에 널리 알려진 것은 1968년 '국민교육헌장'의 기초에 참여하면서부터다.

박종홍은 국민교육헌장의 주역이었다. 이 헌장은 박종홍 등이 초안을 잡고 박정희도 문안의 완성 과정에 참여했다. 국민교육헌장은 해방 이후 최고의 철학자와 최강의 권력자가 함께 만든 공동 작품이다.

이 둘의 관계를 "서로 완벽하게 의기투합해 한 분은 경제를, 또 한 분은 정신면을 일으켜 민족중흥의 역사적 사명을 다했던 분"이라고 비서실장 김정렴은 평했다.

서울대 교수였던 박종홍은 특보 제의를 받았지만 여러 가지 이유를 들어 고사했다. 그러나 박정희가 삼고초려하자 승낙을 하여 특보로 임명되었다. 당시 순수한 학자이자 철학과 지성을 대표하는 상징이 권력에 참여하는 것 자체가 비정상이라는 분위기였다.

그런 분위기 속에서도 박종홍의 경우는 달랐다. 박정희 시대가 끝난 다음에도 그에 대한 존경은 그치지 않았다.

왜일까?

여기에는 두 가지 해석이 있다. 우선 그의 학문적 영향력이 너무 커 이에 대한 이의를 제기하기가 쉽지 않았다. 박종홍에 의해 이뤄진 서양철학에 대한 이해와 특히 한국사상의 재구성은 여전히 큰 영향력을 발휘했다. 또 하나는 그가 지닌 뛰어난 학자적 인품이다. 박종홍은 탁월한 교수이자 존경받는 스승이었다.

박종홍은 현실에 참여한 심경을 자신의 일기에 이렇게 밝혀 놓았다.

"세론이 분분하다. 나는 설명이 불필요하다. 내가 옳다고 생각하는 것을 행할 뿐이다. 지금이 중요한 시기이다. 교육이나 문화는 백년대계다. 학문은 그저 입신양명을 위한 것이 아니다. 나의 철학을 산 철학으로 할 것이냐의 문제는 민족이 사느냐의 문제와 같다."

박종홍과 당시 쌍벽을 이룬 학자출신 특보 가운데 한 사람이 함병춘 특보다. 연세대 교수로 재직하다 박정희의 권유로 보필에 동참했던 그는 국토통일원 고문, 정치담당 특보, 주미 대사를 지냈다.

1970년대 중반 한미 관계가 원만치 못한 시기에 주미 대사를 맡은 함병춘은 때로는 박정희의 소신을 부드럽게 하고 때로는 주체적 입장에서 강공 드라이브를 주문하는 등 전략적 접근으로 박정희를 보좌했다. 그리고 미국 측에는 한국의 문화를 이해시키려는 노력을 다했다.

그는 북한의 위협 앞에 한국사회가 절실히 요청했던 국민통합을 창출하고 국제사회의 주류 그룹에 합류하는 것을 자신의 사명으로 삼았다. 그의 인격과 학문적 업적 그리고 국가에 봉사하는 학자상으로 '한국의 보배'로 불리었고, 1983년 아웅산 사태 때 순직하여 많은 사람에게 아쉬움을 남겼다.

한편 도중하차한 지식인도 있었다. 대표적인 예가 서강대 철학과 교수로 학문적 소신 아래 새마을운동을 지지하다 '어용 교수'로 몰려 자의 반, 타의 반으로 물러난 김형효다.

그는 프랑스 현대철학의 권위자이면서 원효, 율곡, 퇴계 등 한국철학에도 밝았다. 민족주의와 반공주의에 토대를 두면서 '힘 있는 민족' '힘 있는 국가'를 주장하면서, 새마을운동 역시 강한 국가를 만드는 프로젝트라고 지지했다.

그는 박정희를 한 번도 만난 적이 없으면서도 자신의 철학적 입장에서 현실에 대한 발언을 하였으나, 세상은 인정해 주지 않았다. '권력은 불가근불가원不可近不可遠'이라는 한국 지식인 특유의 태도와 주변 인식은 이처럼 뿌리가 깊었다.

리더십 실행원리 6

전략Strategy이란 비전을 이루는

행동개념이다.

단계별로
구체적으로 하자

전략Strategy은 비전을 이루는 술術이다. 비전과 가치 그리고 과제를 연결시키는 행동개념이다. 비전과 가치는 행동을 위한 효과적인 전략을 개발하는 데 없어서 안 되는 존재이다. 사명이 '무엇'에, 비전이 '어디'에, 가치가 '왜'라는 질문에 대한 답이라면 전략은 '어떻게'라는 질문에 대한 답이다.

전략은 전쟁에서와 마찬가지로 인간생활의 중요한 요소로 부각되고 있다. 경영전략, 인생전략 등 이제 전략이 아닌 것이 없다. 일상생활에서도 익숙해진 전략이 엄청난 지적 능력으로서의 역할을 수행하게 된다. 전략이 없을 때는 한 국가가 순식간에 멸망의 길로 접어들 수도 있다. 지도자는 전략을 채택하여 구성원들에게 제시해야 하며, 이를 위하여 많은 정신적 헌신을 쏟아 부어야 한다.

박정희는 전략의 중요성을 아는 지도자였다. 그는 '조국 근대화'라는 비전 달성을 위한 행동개념 또는 로드맵인 전략으로 경제개발 5개년계획이라는 장기 전략을 수립하여 끊임없는 노력을 경주했다.

또한 1960년대에는 수출주도 전략, 1970년대에는 중화학공업 전략이라는 중기 전략을 채택하여 강력히 추진하였을 뿐 아니라 핵심인재를 적재적소에 배치, 활용함으로써 '한강의 기적'을 일구어 내어 이 땅에서 가난을 몰아냈다.

경제개발 5개년계획

1961년 5·16 혁명에 성공한 박정희는 '조국 근대화'의 기치를 내걸고 경제개발계획을 수립하여 이를 강력히 추진해 나갔다. 그리하여 한국경제는 1, 2차 경제개발 5개년계획 기간에 연평균 8.8%라는 높은 성장률을 이룩하였고, 1970년대로 이어지는 3, 4차 경제개발 5개년계획 기간에도 성장의 속도는 멈추지 않았다.

경제개발계획은 계획된 의도로서 높은 경제성장률을 달성하고, 산업화와 근대화를 추구하면서 선진국 경제와의 협력 체제를 강화하자는 것이었다. 우리나라에서 처음으로 종합적인 경제개발계획이 수립된 것은 1953년 3월의 한국경제 재건 5개년계획이었고, 다음은 그해 7월 미국의 대한 경제원조의 지침으로 한국 정부에 건의된 3개년 대한 원조계획이었다.

1958년 원조계획이 일단락되고 경제 안정의 조짐이 보이자 경제개발 3개년계획을 입안하였으나 1960년 4·19 혁명으로 좌절되고 말았다. 박정희의 경제개발계획은 우리나라에서 처음으로 실천에 옮겨진 종합 경제개발계획이었다.

박정희에게는 1차 5개년계획 기간은 창업의 시기로 빈곤의 악순환을 극복하고 자립경제의 기틀을 다지는 일이 급선무였다. 이를 위하여 시멘트, 비료, 정유, 전력 등 사회간접자본 및 에너지 산업의 기반을 조성하고 섬유와 같은 노동집약적 상품 수출과 석유화학 제품을 비롯한 소비재 산업의 육성을 위해 자유시장 경제원칙에 입각한 민간기업의 창의적 노력을 고취하는 한편, 정부가 재정·금융·외환 면에서 적극 지원 내지는 참여하였다.

이 시기는 성공 여부에 대한 불확실성 속에서 노심초사하면서 계획을 추진하여 경제성장과 1인당 국민소득을 증가시켰다. 박정희와 모든 국민은 '우리도 할 수 있다'는 자신감과 함께 미래에 대한 기대와 확신을 가질 수 있었다. 박정희의 1, 2차

5개년계획 기간은 수성의 시기로 공업구조의 고도화에 노력하는 한편 적극적인 외자도입과 사회간접자본을 확충하였다.

이를 위한 소요 자금 9,800억 원 중 국내자금이 6,029억 원, 외자가 14억 2,100만 달러였다. 이 중 6억 달러가 1965년의 한일 국교 정상화로 들어오게 되었고, 같은 해 1월 베트남 파병 결정으로 한국경제는 발전의 계기를 마련하였다.

이 기간에 우리나라의 공업화는 급진전되어, 1966년에 전혀 생산되지 않았던 화학섬유·소모사 등이 생산되기 사작하였으며 합판, 정유, 자동차, 기계 등의 제조공업이 눈부시게 발전하였다. 1971년에는 수출액이 10억 달러의 고지를 돌파하였고, 이로써 한국경제는 역동적인 고성장 내지는 성숙 단계로 가는 계기가 되었다.

3차 5개년계획 기간은 황금시대로 철강, 비철금속, 조선, 기계, 전자, 화학 등 중화학공업을 육성하고 자본재의 수출입 의존율을 낮춤으로써 국민경제의 자립화 기반을 공고히 함과 아울러 농업개발에도 치중하는 등 성장과 안정 및 균형의 조화를 이루는 방향으로 추진되었다.

이 기간에는 착수 직전인 1971년 8월의 '닉슨 쇼크'에 의한 국제경제 질서의 혼란, 1973년 10월의 석유파동 등으로 어려운 고비에 처하게 되었으나, 중동 건설경기 등으로 난국을 극복하였다.

이 기간에는 개발의 성과가 두드러지게 나타났다. 높은 경제성장률과 경기호황으로 박정희에 대한 인기도 좋았고, 국민들의 성원도 뒤따랐다.

4차 5개년계획 기간인 1977년 100억 달러 수출, 1인당 국민총생산이 1,000달러가 달성되었고, 이는 위대한 경제개발의 귀결로 탈후진국의 계기를 맞는 대전환이 되었다.

1977년 11월 30일 수출의 날 행사 시 박정희가 "국민 여러분, 오늘은 우리 민족의 역사에 영원히 기록되는 날이 될 것입니다. 누가 우릴 보고 못하는 민족이라 했습니까?"라는 연설을 하자 참석자들은 자신도 모르게 눈물을 흘리기 시작했다.

박정희는 획기적인 경제건설, 경제제일주의를 내외에 표방하고 권력을 장악하는 데 성공하였지만 경제에는 문외한이었다. 실의에 빠진 나머지 폭음으로 밤을 지새우며 선택의 기로에 서서 번민에 빠졌다. "정권을 내던지고 군에 복귀하느냐, 아니면 군복을 벗고 일개 소시민으로 되돌아가느냐?" 이런 고뇌 속에서 박정희는 국가경제를 발전시키기 위한 경제개발 5개년계획이라는 전략을 채택, 시행함으로서 고도성장을 이룩하였다.

영국 케임브리지대 경제학 교수 장하준은 그의 저서《쾌도난마 한국경제》에서 박정희가 이룬 경제의 성공 요인을 이렇게 분석했다.

"박정희는 시장을 맹목적으로 따르지 않았지만 그렇다고 시장을 완전히 부정하지도 않았다. 박정희는 수출을 확대해야 외화를 벌 수 있고, 그 외화로 고급 기술을 도입해야 경제를 고도화할 수 있다는 것을 이해하고 철저히 시장을 이용했다. 그리고 부유층 내지는 자본가들의 과도한 사치를 막은 것 또한 하나의 이유다."

박정희의 분신 경제총수들

1960~70년대 경제를 이끌어 간 경제총수를 보면 박정희는 총사령관 역할을 했다. 그리고 부총리 겸 경제장관이 실무를 담당했다. 장기영, 박충훈, 김학렬, 태완선, 남덕우, 신현확 순서이다. 이들이 개발시대에 견인차 역할을 할 수 있었던 것은 힘이 있었기 때문이었다. 물론 그 힘은 박정희가 부여한 신임 때문이었다. 박정희는 발탁한 경제 부총리에게 전권을 주었고 전폭적으로 밀어주었다.

개발 불도저, 장기영

장기영과 김학렬 부총리는 이 전권을 가장 잘 활용하고 구사했다. 그리하여 경제정책에 관한 한 절대적인 위상을 차지했다. 두 사람은 대통령의 뜻을 잘 읽었고, 그것은 커다란 힘의 원천이었다.

장기영은 대담하고 호방하며 창의와 집념의 소유자였다. '왕초', '개발 불도저', '외자 도입의 선봉장', '뛰면서 생각한다' 등 그와 함께한 수식어들이 그를 잘 대변해 주고 있다.

그는 물가 장관이었다. 그가 취임한 1964년의 소비자 물가 상승률은 29.6%로 가히 살인적이었다.

'6개월만 기다려 달라'며 취임사를 내뱉은 그는 저돌적으로 달려들어 물가를 안정시키는 데 성공했다. 물론 불도저식 전법으로 이룩한 성과다. 그는 상공부 등 경제부처부터 장악한 뒤 국회, 은행, 민간 기업은 물론 식당과 다방까지 쥐고 흔들어 물가상승에 제동을 걸었다. 그리고 물가조직을 돌격대처럼 활용하는 등 전 방위 물가 잡기에 나섰다. 치솟던 물가는 그의 위세 앞에 눌려 떨어지기 시작했다. 1965~67년 3년간의 물가는 10~13%로 떨어졌다.

물가를 안정시킨 그는 다양한 논란에도 불구하고 환율 현실화와 금리 현실화를 적극 옹호했다. 결국 1965년 금리 현실화를 단행하면서 경제개발에 필요한 내자 동원에 크게 기여했다. 그러나 역금리 체계로 인해 금융기관의 수지를 악화시키는 요인이 되자, 그는 지불 준비금에 이자를 붙여주는 제도를 만들기도 했다. 그는 이처럼 소신대로 밀어붙이고 후에 생겨나는 후유증은 그것대로 치유해 나가는 방식을 채택했다.

무엇보다 그에게 적합한 별칭은 '외자 도입의 선봉장'이다. 차관도 자산이며 많을수록 좋다는 소신 아래 차관망국론을 돌파해 나갔다. 적어도 그의 업적 가운데 하나를 들라면 외자도입의 문을 열어서 경제개발과 근대화 건설에 필요한 재원을 충당했다는 점이다.

박정희는 그의 열정을 높이 평가해, 그를 모함하고 견제하는 주변으로부터 철저히 보호했다. 그러면서도 그의 독주를 우려하는 목소리는 차곡차곡 담아두었다. 결국 때가 되었다고 판단한 시기가 1967년 10월이었다. 경부고속도로 건설을 반대하는가 하면, 울산 석유화학단지 업자 선정문제 등에서 박정희의 지시를 제대로 이행하지 않았다. 그의 소신이었다 해도 박정희에게는 어리석음이요 오만으로 비치기 시작했다. 쉴 새 없이 뛰어다니던 그는 허탈한 심경을 안고 경제기획원에서 물러나야 했다.

경제문제 최고 엘리트, 김학렬

김학렬은 공사가 분명하여 비교적 주변이 조용하고 청렴하기로 정평이 나 있었다. 김학렬의 투자정책은 선별적이었다. 투자 선정에서도 정치적 압력을 배제하려고 많은 노력을 했다. 김학렬이 박정희를 처음 만난 것은 5·16 혁명 전인 1961년 2월이다. 혁명을 계획하고 있던 박정희가 혜화동에 있는 그의 집을 찾았다. 1950년 제1회 행정고시에 수석으로 합격한 그는 경제문제에 관해서는 대한민국 최고의 엘리트였다. 그는 머리도 좋았지만 매일 새벽 세 시에 일어나 공부를 하는 사람이었다.

그의 별명은 '쓰루'였다. 일본어로 '학'을 가리키는 말로, 비쩍 마른 선비다운 모습을 표현한 것이다. 박정희는 자신이 고민하는 경제문제에 속 시원한 답을 주는 '쓰루'를 무척이나 사랑했다. 박정희는 혁명에 성공한 후 그를 중앙정보부 부정축재 조사담당관, 경제기획원 차관, 재무부 장관, 대통령 경제수석, 부총리로 중용했다.

그리고 두 사람은 콩나물국을 안주로 동동주를 마시며 자주 경제문제에 대하여 토론했다. 그의 대표적인 업적은 1960년대 우리나라에서 가장 큰 역사의 줄기인 경부고속도로와 포항제철의 건설이 추진되었고 성공적인 결과를 낳았다는 것이다. 그리고 2차 경제개발 5개년계획의 수행이었다. 포항제철 건설의 실무책임자는 박태준이었고, 정부 차원에서 밀어붙인 인물은 그였다. 그의 추진력은 매우 탁월했다.

그가 추진한 정책 가운데 중요한 것이 현금차관을 금지시키는 시책이었다. 급증하는 상업차관은 그의 안정정책을 해치는 장애물로 인식될 정도였으며, 1969년 세계은행은 한국의 급속한 외채누적에 대하여 우려를 표명하기도 했다. 1962년 890만 달러였던 외채가 1969년 18억 달러에 이를 정도였다. 그는 경제 최고책임자로서 3차 경제개발 5개년계획에 그 유명한 '수출 100억 달러, 국민소득 1,000달러' 캐치프레이즈를 담았다.

그는 박정희 시대에 경제를 이끌면서 혼신의 힘을 다하다 불과 49세의 나이로 췌장암으로 쓰러진, 박정희의 1급 경제 참모였다. 그는 매사 깊숙이 관여하고 막힌 곳을 뚫어가면서 일을 추진해 나갔다. 김학렬 사후에 빈소를 찾은 박정희는 "내가 김 부총리를 너무 혹사시켰어. 일도 많이 시키고 술도 많이 먹이고……. 그 사람 한평생 나라를 위해 일하다 죽었어."라며 울고 또 울었다.

비판자임에도 발탁한 남덕우

서강대 경제학 교수 남덕우가 중앙청 국무총리실에서 열린 경제개발계획 평가교수단 회의를 마치고 나오면서, 참석자들과 일일이 악수를 나누던 대통령 앞에 섰다.

"각하, 남 교수는 미국에 교환교수로 가게 되어 이제 평가교수단 회의에는 안 나오게 되었습니다."

총리실 관계자가 대통령에게 보고했다.

박정희가 정색을 하고 물었다.

"아주 갑니까?"

"아닙니다. 1년 뒤에 돌아옵니다."

남 교수는 미국 스탠퍼드 대학의 초청으로 1년간 교환교수로 갈 예정이었다.

"그럼 나 좀 보고 가시오."

청와대로 들어오라는 것이었다.

평가교수단 회의는 대통령 이하 국무총리, 각 부처 장관과 학계 전문가들이 한데 모여 경제개발계획의 추진 상황을 평가하고 토론하는 자리였다. 대통령이 학자들의 의견을 듣고 함께 토론하는 자리에서 남 교수는 경제문제를 조목조목 날카롭게 비판하면서 후진국의 경제개발에는 무엇보다 최고지도자의 리더십이 중요하다는 것을 강조해 주목을 받았다.

그는 따로 차를 타고 청와대로 갔다.

집무실에서 기다리고 있던 박정희가 다시 물었다.

"갔다가 반드시 돌아옵니까?"

"예."

"집안의 처자와 부모는 어떻게 하고 갑니까? 누가 따라 갑니까?"

"그냥 두고 저 혼자 갑니다."

대통령은 '壯途'(장도)라고 쓴 봉투를 그에게 주었다. 미리 준비한 금일봉이었다.

"집 걱정은 하지 말고 연구 열심히 하고 돌아오시오."

그러면서 비서실장에게 남 교수가 없는 동안 그 가족의 생활을 돌봐 주라고 지시했다.

대통령의 관심과 배려는 전혀 뜻밖의 놀라움이었다.

박정희의 뜻을 알게 된 것은 1년간의 교환교수 생활을 마치고 돌아온 후였다.

1969년 6월 미국에서 돌아와 그해 가을 식자층에 널리 익힌 저서 《가격론》의 인세로 화곡동에 땅을 사서 집을 짓고 있다가 라디오에서 '재무장관 남덕우'가 포함된 개각 발표 뉴스를 듣고 깜짝 놀랐던 것이다.

공사 현장에서, 빨리 들어오라는 청와대의 부름을 받았다. 청와대에 들어가 얼떨결에 임명장을 받았다. 그리고 신임 장관들과 간담회를 하는 자리에서 대통령이 방그레 웃으며 그에게 한마디를 툭 던졌다.

"남 교수, 정부 정책을 많이 비판하던데 이제 맛 좀 보시오."

그 말에 남덕우는 꼼짝없이 사로잡힌 심정이었다.

재무장관 남덕우의 임명 사유를 그렇게 건의한 사람이 있었다. 경제 부총리 김학렬이었다.

"남 교수가 평가분석회의 때마다 비판을 잘하던데, 장관 일은 얼마나 잘하는지 한번 맡겨서 혼 좀 내십시오."

김학렬의 말에 박정희는 껄껄 웃으며 고개를 끄덕였다.

그해 10월 21일, 교수를 천직으로 알던 남덕우에게 관직이 그렇게 씌워졌고, 그는 그것을 운명으로 받아들였다.

그로부터 그는 5년간 재무장관 직에 머물렀다가 1974년에는 경제 부총리에 올라 중화학공업 육성 등 굵직한 국가 프로젝트를 지휘했고, 1979년에는 청와대 경제담당 특보로 자리를 옮겨 조국 근대화에 기여한 중심인물이 되었다. 그가 박정희 시대와 함께한 세월은 10년이나 되었다.

이처럼 박정희는 유능한 인재라면 어느 누구라도 발굴하여 국가를 위하여 쓰기를 주저하지 않았다. 그는 유능한 인재를 알아보고 운용할 줄 알았다.

수출주도형 공업화 전략

　당시 정부는 수입을 하는 대신 자체 생산을 하려는 수입대
체형 공업화 정책을 추진했다. 하지만 수입대체 산업의 공업화
에 따른 외화부족 딜레마를 극복하기 위해 박정희는 경제개발
5개년계획의 기본 방향을 수출주도형 공업화 전략으로 수정하
였다.

　경제개발 방향의 재정비는 선진산업국으로 가는 시발점인
동시에, 한국 국민을 치열한 국제 경쟁사회로 뛰어들게 한 전환
점이 되었다.

　박정희는 수출제일주의를 모토로 수출진흥 체제를 구축하
기 위해 1964년부터 매년 수출진흥 종합시책을 마련, 수출진흥
정책을 종합적이고 체계적으로 추진해 나갔다. 특히 수출산업
육성, 수출산업 기반 확대, 수출산업 양산체제 확립, 수출산업
시설 현대화라는 슬로건을 내걸고 수출산업에 주력했다.

　이런 체계적인 계획을 통해 기업 중 수출특화산업을 선정하
여 집중적으로 육성하는 한편, 수출지원 제도 및 행정체제를 개
선하고 해외시장 개척의욕을 고취하여, 업계를 수출 지향적으
로 정비하고 수출 추진체제를 확립하였다.

한국의 수출정책과 수출독려의 산실은 1965년부터 박정희가 수출 최고사령관이 되어 매월 직접 주재하는 수출진흥 확대회의였다. 수출진흥회 위원과 정부, 학계와 연구기관을 비롯해 수출 지원기관과 업계 등 유관 기관 대표들 약 250여 명이 참석하여 월별, 품목별, 지역별 수출 동향을 점검하는 이 회의는 수출증대를 위한 모든 시책과 업계의 애로 타개 등의 매월 추진상황을 점검·보고하여, 수출진흥을 위한 시책과 제도를 하나하나 정착시켜 나갔다.

1979년까지 계속된 이 회의는 수출에 관한 최고 전략회의로서 수출진흥 종합시책, 수출계획, 수출촉진 제도, 수출독려 등을 논의하여 최종 결정하는 장이 되었다. 이리하여 '한국의 수출' 하면 박정희를 연상하게 된다.

수출입국을 정착시키려 한 노력의 결과는 점점 가시화되었다. 1962년 이래 노동집약을 중심으로 한 수출 공업화 정책이 성과를 나타내면서 수출이 급속히 신장되고 고도 경제성장이 이루어졌다.

1972년 10월 유신을 거치며 박정희는 '1,000달러 소득, 100억 달러 수출'이란 지표를 제시, 1973년 1월 중화학공업을 선언하면서 철강, 비철금속, 기계, 자동차, 조선, 전자, 석유화학 등을 육성하여 수출의 획기적 증대를 이룩했다. 특히 수출산업

의 중화학공업화는 전자산업의 전략적 육성, 조선 공업의 수출
산업화, 기계공업의 국산화, 자동차 공업의 수출전략 산업화 등
에 역점을 두었다. 아울러 수출용 원자재의 국산화, 수출 취약
산업의 육성 등을 통한 수출의 질적 고도화와 종합무역상사의
육성, 그리고 수출자유지역의 설치, 외국인 투자 유치, 중소기
업의 수출능력 강화 등 수출산업의 저변 확대에도 주력하였다.

그 결과 1974년의 석유위기도 수출로 극복하고 1977년, 당
초 1980년 달성키로 한 100억 달러 수출 목표를 3년이나 앞당
겼다.

'한강의 기적'으로 평가되는 수출입국 정책의 성공은 한국
을 가난하고 힘겨운 보릿고개에서 벗어나게 했을 뿐만 아니라,
가난한 농경경제에서 산업경제로, 저개발국에서 신흥공업국으
로 탈바꿈시켰다. 더 나아가 한반도를 중심으로 하는 동북아
경제의 부상과 세계 무역대국의 위상 역시 박정희의 수출입국
에서 시작되었다.

중화학공업화 전략

1962년 이후 경제개발 5개년계획을 차근차근 추진하면서

수출제일주의에 기반을 둔 경공업의 수출산업화가 활발하게 진행되었다.

그 결과 근대화된 공업구조가 정착되고 중화학공업의 기반도 조성되었다. 하지만 앞으로의 경제개발이 단순한 5개년 계획만으로는 부족하다고 판단한 박정희는 1973년 연두 기자회견에서 중화학공업화 추진 선언과 함께 과학화 운동 전개를 강조했다. 1960년대의 정책이 수출제일주의였으며, 1970년대는 고도의 경제성장을 위한 중화학공업화였다.

이를 위해 '중화학공업위원회'와 '기획단'을 두고 선진 산업국으로 나아가는 데 절대적으로 필요했던 철강, 비철금속, 조선, 기계, 전자, 석유화학 공업 등의 6개 업종을 중점적으로 육성하기 시작했다. 박정희는 대한민국의 산업을 새롭게 디자인하였다.

중화학공업화의 기본 바탕이며 중심이 된 포항종합제철, 아연·구리·납·알루미늄 등 4대 전략품목을 육성할 수 있는 온산 비철금속 공업기지, 천혜의 기후조건과 항만, 그리고 양질의 인력을 바탕으로 한 옥포 조선공업단지, 품질과 가격 면에서 국제 경쟁력을 갖추고, 기계류와 플랜트의 국산화에 기여한 창원 기계공업단지, 반도체, 컴퓨터 산업 등의 고도 정밀 전자기기 산업기지인 구미 전자공업단지, 석유화학 제품의 국내 수요 충족과 비약적인 수출증대의 기반을 마련한 울산과 여천 석유화학단지들이 바로 당시 중화학공업 추진의 결과물들이다.

하지만 중화학공업 정책이 추진되기까지에는 크고 작은 어려움이 적지 않았다. 특히 종합제철 건설의 경우 경제성에 대한 우려로 국내외적으로 반대의 벽에 여러 번 부딪혔으나, 박정희는 단호한 결단력으로 이를 극복하였다. 또한 중화학공업을 직접 챙기기 위하여 1971년 경제 2비서실을 신설하고, 전형적인 테크노크라트인 오원철을 중용하였다.

이와 함께 박정희의 중화학공업 육성 정책은 우리의 방위산업이 선진국형 체제를 갖추게 하는 데 크게 기여하였다. 당시 미국의 대한방위 공약에 의존하고 있던 상황에서 탈피해 자주국방 태세를 확립할 수 있는 기틀을 마련한 것이다. 중화학공업 육성정책의 효과가 나타나면서, 우리의 경제는 비약적인 발전을 하였다. 한국경제가 세계적인 고도성장을 이룩할 수 있었던 것은 무엇보다도 공업화, 특히 중화학공업을 우선적으로 추진하였다는 데 있다. 그리고 중화학공업화의 도약이 없었다면 한국의 산업과 경제는 현재의 발전을 이룩할 수 없었다. 박정희가 심혈을 기울인 자립경제와 자주국방의 핵심이 바로 중화학공업이다.

이러한 공업화에 대하여 앰스덴Alice H. Amsden 교수는 "박정희의 가장 큰 역사적 공헌은 한국의 공업화를 이끌어 갔던 그의 역할에 있다. 그의 개성적이고도 능동적인 지도력하에서 한국은 저소득과 높은 실업률로 특징지을 수 있는 농업국가로부터 유례없는 높은 임금상승과 세계적 수준의 기업군을 거느린 공업국가로 변모하였다."고 평하였다.

테크노크라트 오원철 기용

오원철은 1928년 황해도 풍천에서 태어나 서울대 화공과 재학 중 6·25로 공군 기술장교로 입대하여 6년간 근무한 후 1957년 소령으로 전역하였다. 그는 시발자동차, 국산자동차의 공장장을 역임한 후 1961년 국가재건최고회의 기획조사위원회 조사과장, 상공부 화학과장·공업 제1국장, 기획관리실장, 차관보, 경제 제2수석비서관으로 근무했다.

그는 박정희 정부에서 공업화정책의 기획과 입안 그리고 집행을 담당하여 엔지니어링 어프로치로 수입대체 산업, 국제 경쟁력 있는 경공업, 중화학공업, 방위산업 발전에 순차적으로 기여하였다.

그는 상공부 화학과장 시절 정유공장과 비료공장, 시멘트 공장 관련 사업을 추진하였고, 특히 공업화 전술로 '공업 단지화 전술'을 적용하였다. 그리고 승진하여 경공업 분야를 담당하는 상공부 공업 제1국장으로 수출제일주의 전략을 직접 실행하였고, 차관보 시절에는 울산 석유화학단지 건설에 중추적인 역할을 하였다.

그 후 1974년 중화학공업기획단장을 겸임하면서 방위산업 육성과 율곡 계획의 집행을 담당, 주요 장비의 국산화와 현대화 등 한국군의 전력증강에 이바지하였고, 나아가 원자력산업 개발 프로젝트에도 참여하였다.

또한 1973년 오일 쇼크 후 상황에 대처하기 위해 중동 진출, 플랜트 엔지니어링 산업 육성을 추진하였다. 아울러 행정수도 이전 및 2000년대 국토계획, 기술인력 양성 및 각종 연구소 설립계획에 참여하는 등 박정희의 근대화 이념을 실천에 옮기는 과정에서 핵심적 역할을 담당하였다.

박정희는 "오 국보"라 불러 그의 공헌을 높이 평가했고 깊이 신뢰하였다. 그는 박정희의 이러한 신뢰에 보답이라도 하듯, 현직에서 물러난 뒤에는 박정희 시대의 업적을 글로 옮기면서 박정희의 묘소를 찾아 하루 일과를 시작하곤 했다.

리더십 실행원리 7

과제Tasks란 비전 달성을 구체화하는 과정이다.

경중완급을
가려서 하자

과제Tasks란 비전과 가치 그리고 전략을 구현하기 위하여 해야 할 일이다. 과제가 없어 해야 할 일이 없다면 비전과 가치, 전략은 공허할 뿐이다. 과제가 그토록 중요한 이유는 바로 여기에 있다. 지도자는 경중완급과 우선순위를 고려하여 과제를 선정, 추진해야 한다. 그리고 무엇보다 수행과정에서 구성원을 소중히 생각해야 한다. 왜냐하면 리더는 구성원을 통해서만이 이 과제를 완수할 수 있기 때문이다.

박정희는 '조국 근대화'라는 비전Vision을 제시하고 근면, 자조, 협동이라는 가치Value를 장려하면서 경제개발 5개년계획, 수출제일주의, 중공업화라는 전략Strategy을 채택하였다. 이를 구현하기 위하여 한일협정, 월남파병, 고속도로 건설, 포항제철 건립 등 수많은 과제Tasks를 식별하여 추진하였다. 그는 재원을 뒷받침하기 위하여 해외로 뛰었고, 인재를 구하기 위하여 삼고 초려했다. 또한 의사소통을 위하여 술잔을 기울였고, 변기에 벽돌을 넣어 물을 절약하는 등 솔선수범했다.

재원을 확보하여 뒷받침하라

박정희가 정권을 잡고 가장 절실한 문제는 돈이었다. 돈이 있어야 경제를 발전시키고 국민들을 먹여 살릴 수 있었다. 그는 돈이 되는 일이면 무슨 일이든지 해야 하겠다고 결심했고, 어디든지 날아갔다.

그리하여 수많은 정치적 반대에도 불구하고 한일협정을 체결하였고, 베트남에 군대를 파병했다. 그리고 미국, 독일, 호주, 뉴질랜드 등 어디든지 찾아가 체면은 접어두고 아쉬운 소리를 했다.

한국 현대사의 분수령, 한일협정

한일협정은 전후 세계사에서 가장 길었던 외교협상 가운데 하나로 기록되고 있다. 자유당, 민주당 정권으로 이어지는 10년 동안의 협상에도 불구하고 전혀 실마리를 찾지 못하고 있었다. 박정희는 경제문제 해결을 위해서는 자금이 필요했고, 당시 상황으로서는 식민지 피해 청산의 부채를 갖고 있던 일본에 기댈 수밖에 없다는 생각으로 한일회담을 서둘렀다.

한국 현대사의 분수령을 이룬 한일협정은 대한민국과 일본국 간의 기본관계를 규정한 조약으로 한일 재산 및 청구권 문제 해결과 경제협력에 관한 협정, 한일 문화재 및 문화협력에 관한 협정, 재일교포의 법적 지위와 대우에 관한 협정, 한일 어업협정 등 4개 부속 협정과 25개 문서를 포함하고 있다.

한일협정은 1962년 11월 12일 줄다리기가 계속되었던 청구권 문제를 정치적으로 타결함으로써 극심한 교착상태에 빠졌던 한일협상에 사실상 마침표를 찍었다.

당시 청구권 액수를 놓고 한국이 일본에 7억 달러를 요구한데 반해 일본은 7천만 달러가 상한선이라고 주장하는 등 한국과 일본 두 나라는 이견을 좁히지 못하고 있었다. 이에 김종필과 오히라 일본 외무장관은 청구권 금액을 '무상 3억 달러, 유상 2억 달러, 상업차관 1억 달러 이상'으로 합의하면서, 한일회담의 최대 분수령이었던 청구권 문제를 타결 지었다. 다만 이 금액은

추후 협상 과정에서 상업차관 부문만 3억 달러로 최종 조정되었다.

당시 한일회담을 반대하는 대학생과 일부 시민들의 데모가 계속되었다. 우리의 역사를 왜곡시킨 일본과 받아들일 만한 수준의 과거 청산도 없이 국교를 재개한 데 대한 저항이었다. 박정희는 이 같은 국민정서를 감지하고 다음과 같은 특별담화를 발표했다.

"과거만 따진다면 그들에 대한 우리의 사무친 감정은 어느 모로 보나 불구대천이라 아니할 수 없다. 그러나 국제사회의 경쟁 속에서 지난날의 감정에만 집착할 수 없다. 아무리 어제의 원수라 하더라도 우리의 오늘과 내일을 위해서 필요하다면 그들과도 손을 잡아야 하는 것이 국리민복을 도모하는 현명한 대처가 아니겠는가!"

이러한 우여곡절을 거친 끝에 이루어진 한일 국교 정상화는 1960년대 한국의 근대화와 경제발전에 크게 공헌했다. 경협자금은 한일 무역역조 등 일부 역기능에도 불구하고 포항제철 건립을 비롯해 국민경제를 일으켜 세우는 역할을 했다. 이를 통해 높은 경제발전의 성과를 거둘 수 있었다.

국가의 생존전략, 베트남 파병

박정희는 나라가 유엔의 원조로 근근이 연명하는 절망적인 상황에서, 1965년 젊은이들을 베트남 전쟁터로 보내기로 결정했다. 이에 대한 대가로 경제적 이익을 도모하고자 한 것이다.

박정희는 미국으로부터 베트남 파병 제의를 받고 제1차 파병 당시에는 6·25 전쟁에 참전해 준 우방국의 은혜에 보답한다는 명분하에 조건 없는 파병을 결정했다. 제2차 파병 때는 미국에 한·미 방위조약의 개정, 한·미 행정협정 체결, 군사원조 기간 연기, 특별원조 제공 등을 요구했다.

특히 한미 방위협약은 유사 시 미국이 자동 개입하도록 하고, 주한 미군의 월남전용을 막는 데 초점을 맞추었다. 3차 파병 시에는 주한 미군의 감축은 없을 것이며 사전 협의 없이는 주한 미군의 철수 금지, 4차 파병 시에는 국가 안전보장에 관한 약속을 받아냈다.

한국정부는 베트남 파병으로 인한 전투수당, 경제원조, 외국으로부터의 차관 등으로 많은 외화를 획득하여 경제발전에 충당하였으며, 이외에도 대미 수출 증가와 주한 미군의 계속 주둔으로 인한 이익도 상당액에 달했다.

또한 미국의 경제 및 군사 원조, 차관 도입, 대미 수출 등을 제외하더라도 월남으로부터의 무역과 무역외 부문을 포함한 외화수입은 9억 달러에 달했다. 어려웠던 한·일 협상을 통해 일본으로부터 청구권이란 명목으로 받아낸 돈이 6억 달러였던 점을 감안하면 엄청난 금액이었다.

베트남 파병은 박정희가 국내외적으로 여러 가지 어려운 상황에서 결정한 국가의 생존 및 발전 전략으로 중요한 의사결정이었다. 그러나 한국은 베트남 파병으로 공산권은 물론 일부 비동맹 국가와의 관계에서 외교적 손실도 보았다. 군사작전과 경제활동으로 5,400여 명의 인명 손실을 입었고, 정치적으로 부정적인 결과를 가져오기도 했다. 하지만 또 다른 면에서 많은 긍정적인 성과를 거둠으로써 소위 한강의 기적을 이룩하는 데 초석을 놓을 수 있었다.

서독 광부, 간호사 파견

1961년 5·16으로 집권한 박정희는 '조국 근대화' 기치를 내걸고 '경제개발 5개년계획'을 추진했지만, 극심한 외자 부족으로 어려움을 겪고 있었다.

이때 박정희가 달려간 곳은 독일이었다. 독일은 당시 우리처럼 분단 상황이었고, '라인 강의 기적'으로 눈부신 경제발전을 하고 있었다. 우리 정부는 경제사절단을 독일에 파견해 차관 제공을 간곡히 요청했고, 독일 측은 1억 5천만 마르크의 상업차관 제공을 결정했다. 그러나 남은 문제는 '과연 지급보증을 누가 서느냐?'였다.

당시 우리는 세계 어느 곳에서도 지급보증을 받아올 수 없었다. 마지막으로 생각한 방안이 서독에 광부 5천 명과 간호사 2천 명을 파견하는 것이었다.

결국 이 지급보증 문제는 독일에서 일하는 우리 광부와 간호사들의 3년간 급여를 독일은행에 매달 강제 예치하는 담보 방식으로 해결되었다. 박정희 내외가 "타국에 팔려 나왔다"며 우리 광부와 간호사들을 눈물로 위로한 것도, 차관도입을 둘러싼 바로 그 사연 때문이었다.

수십 대 1의 경쟁률을 뚫고 선발된 광부들 가운데는 상당수의 대학졸업자들이 포함되어 있었다. 면접 볼 때 손이 고와서 떨어질까 봐 까만 연탄에 손을 비비며 거친 손을 만들어 면접에 합격했다. 서독 항공기가 그들을 태우기 위해 온 김포공항은 간호사와 광부들의 가족, 친척들이 흘리는 눈물바다가 되었다.

낯선 땅 서독에 도착한 간호사들은 시골 병원에 뿔뿔이 흩어졌다. 말도 통하지 않는 여자 간호사들에게 처음 맡겨진 일은

병들어 죽은 사람의 시신을 닦는 일이었다. 어린 간호사들은 울면서 거즈에 알코올을 묻혀 딱딱하게 굳어버린 시체를 이리저리 굴리며 닦았다. 하루 종일 닦고 또 닦았다.

남자 광부들은 지하 1천 m 이상의 깊은 땅속에서 그 뜨거운 지열을 받으며 열심히 일했다. 하루 8시간 일하는 서독 사람들에 비해 10여 시간을 그 깊은 지하에서 석탄을 캤다.

서독의 방송·신문들은 대단한 민족이라며 가난한 한국에서 온 여자 간호사와 남자 광부들에게 찬사를 보냈다. '세상에 어쩌면 저렇게 억척스럽게 일할 수 있을까?' 해서 '코리안 에인절'이라고 불렀다.

서독 대통령의 초청으로 박정희가 방문하게 되었다. 그때 우리에게 대통령 전용기는 상상할 수도 없어 미국의 노스웨스트 항공사와 전세기 계약을 체결했지만, 쿠데타군에게 비행기를 빌려줄 수 없다는 미국 정부의 압력 때문에 그 계약은 일방적으로 취소되었다.

그러나 서독 정부는 친절하게도 국빈용 항공기를 우리나라에 보내 주었다. 어렵게 서독에 도착한 박정희 일행을 거리에서 시민들이 플래카드를 들고 뜨겁게 환영해 주었다.

코리안 간호사 만세! 코리안 광부 만세! 코리안 에인절 만세!

박정희는 창밖을 보며 "땡큐! 땡큐!"를 연발했다.

1964년 12월 10일 오전 10시 55분, 독일 루르 지방 탄광의 한 강당. 얼굴과 작업복에 석탄가루가 묻은 500여 명의 한국인 광부, 한복 차림의 한국인 간호사, 독일인들 앞에 당시 방문 중인 박정희 내외가 나타났다.

뤼브케 대통령과 함께 강당에 들어갔을 때 작업복을 입은 광부들의 얼굴은 시커멓게 그을려 있었다. 대통령의 연설이 있기에 앞서 우리나라 애국가가 흘러나왔을 때, 이들은 목이 메어 애국가를 제대로 부를 수조차 없었다.

박정희가 연설을 했다. 단지 나라가 가난하다는 이유로 이역만리 타국에 와서 힘든 일을 하고 있는 동포들을 보니 목이 메어 말이 잘 나오지 않았다.

우리 열심히 일합시다! 후손들을 위해서 열심히 일합시다! 열심히 합시다!

눈물에 잠긴 목소리로 박정희는 일하자는 이 말을 계속 반복했다. 가난한 나라 사람이기 때문에 이역만리 이국 땅 수천 m 지하에 내려가 힘들게 고생하는 남자 광부들과 굳어버린 이방인의 시체를 닦으며 힘든 병원 일 하고 있는 어린 여자 간호사들. 그리고 고국에서 배곯고 있는 가난한 내 나라 국민들이 생각나서 더 이상 참지 못해 박정희는 눈물을 흘렸다.

소리 내어 눈물을 흘리자 함께 자리하고 있던 광부와 간호사가 모두 울면서 영부인 육영수 여사 앞으로 몰려나갔다. '어머니! 어머니!' 하며 육 여사의 옷을 잡고 울었고, 옷이 찢어질 정도로 잡고 늘어졌다.

육 여사도 함께 울면서 내 자식같이 한 명 한 명 껴안아 주며 '조금만 참으세요!'라고 위로하고 있었다. 광부들은 뤼브케 대통령 앞에서 큰절을 하며 울면서 "고맙습니다! 고맙습니다! 한국을 도와주세요! 우리 대통령님을 도와주세요! 우리 모두 열심히 일하겠습니다. 무슨 일이든 하겠습니다."를 수없이 반복했다. 뤼브케 대통령도 울고 있었다.

연설이 끝나고 강당에서 나오자 미처 그곳에 들어가지 못한 여러 광부들이 떠나는 박정희와 육 여사를 붙잡고 "우릴 두고 어디 가세요! 고향에 가고 싶어요! 부모님이 보고 싶어요!" 하며 부르짖었다.

서독 국회에서 연설하는 자리에서도 박정희는 "돈 좀 빌려주세요. 한국에 돈 좀 빌려주세요. 여러분들의 나라처럼 한국은 공산주의와 싸우고 있습니다. 한국이 공산주의자들과 대결하여 이기려면 분명 경제를 일으켜야 합니다. 그 돈은 꼭 갚겠습니다. 저는 거짓말할 줄 모릅니다. 우리 대한민국 국민들은 절대로 거짓말하지 않습니다. 공산주의자들을 이길 수 있도록 돈 좀 빌려주세요."를 반복했다.

　1962년 10월 한국이 서독으로부터 최초로 들여온 1억 5천만 마르크의 차관은 바로 이들 광부와 간호사들의 급여를 담보로 들여온 것이었다. 이렇게 시작된 독일 정부 차관은 우리나라에 대한 공공차관이 중단된 1982년까지 총 5억 9천만 마르크에 이르렀다.

　1963년부터 1977년까지 7만 7천여 명의 광부와 1만여 명의 간호사들이 독일로 파송되었다. 이들 광부와 간호사의 희생도 적지 않았다. 1963년에서 1979년까지 광부 65명, 간호사 44명, 기능공 8명이 사망했다. 그중에는 작업 중 사망한 광부가 27명, 자살한 광부가 4명, 자살한 간호사가 19명이었다.

　그러나 이러한 희생이 있었기에 한국은 경제발전의 초석을 다질 수 있었다. 그들의 헌신과 인내, 그리고 조국을 사랑하는 마음이 있었기에 먹고사는 문제를 해결할 수 있었다.

배고픔을 해결하러 간 남쪽 나라

　박정희는 남쪽 나라 호주·뉴질랜드로 날아갔다. 배고픈 국민에게 고기를 먹이려고, 나라를 살찌우려고 축산 선진국을 방문한 것이다.

긴 세월 동안 우리 대중의 가슴에 흐르고 있는 망향의 노래가 있다.

"남쪽 나라 십자성은 어머님 얼굴……."

노래에 나오는 십자성은 한국에서 보이지 않는다. 남태평양에 뜨는 별이다. 그래서 "남쪽 나라 십자성"이다. 월남 파병 용사들이 십자성을 보며 이 노래를 불렀고, 사모아에 나가 참치잡이를 하던 우리 원양선원들이 이 노래를 불렀다. 지금 호주와 뉴질랜드에 가서 살고 있는 한국인들에게 가장 정겹고 애틋한 망향의 상징이 십자성이다.

지긋지긋한 가난에서 벗어나 우리도 한번 잘살아 보자고, 남에게 얻어먹지 않는 떳떳한 나라를 만들어 보자고 땀과 눈물을 쏟던 1960년대에 남태평양에서 먹을거리 두 가지가 들어왔다. 참치와 우유다. 길거리 가게에 흔하게 쌓여 있는 참치 통조림의 참치가 사모아의 원양어업에 의해 그때 들어왔다. 1968년 박정희 대통령의 호주·뉴질랜드 방문 이후 본격 시작한 축산업에 의해 우유가 일상의 식품으로 자리를 잡게 되었다.

뉴질랜드에 갔던 박정희는 목초가 지천으로 널린 목장의 양떼를 보고 영양결핍의 고국 어린이들을 떠올리면서 "우리 아이들이 저 배부른 양떼들보다 못하다는 말이냐?"고 탄식했다.

면양 도입은 쇠고기를 먹을 형편이 못 되는 대신 육질과 맛에서 전혀 손색이 없는 양고기를 먹어보자는 절박한 소망과, 호주·뉴질랜드의 축산 선진기술에 감탄한 박정희의 "우리도 축산을 제대로 해보자"는 열망에 의해 이루어졌다.

정부는 대관령에 초지를 조성하고, 전북 운봉의 지리산 바래봉 일대에 국립 면양종축장을 세웠다. 당시 너무 가난했기 때문에 호주 정부가 '콜롬보 프로젝트'라 불리는 원조계획에 따라 면양 도입과 기술 지도를 적극 도와주었다.

2백만 평에 이르는 지리산 운봉 종축장에 수천, 수만의 양떼가 풀을 뜯고, 그 양들은 번식에 번식을 해서 각지로 분양되었다.

더불어 목가적인 대중가요가 크게 유행했다.

"시원한 밀짚모자 포플라 그늘에, 양떼를 몰고 가는 목장의 아가씨……." "뭉게구름 저편 산 너머로 기러기 떼 날으고, 양떼를 몰고 오는 언덕길에 초생달 빛을 뿌리면……."

이런 노래는 건전가요가 아니라 대중가요였다. 푸른 전원을 향한 꿈이 있었다.

박정희는 호주, 뉴질랜드 방문을 마치고 귀국하는 길에 원양어업의 전진기지인 남태평양 미국령 사모아에 원양어선 선원 위로차 경유하였다.

당초 계획에 없었던 일정으로 뉴질랜드 출발 직전, 갑자기 남태평양 한복판에 있는 사모아에 선원 위로차 경유하겠다는 지시가 떨어졌다. 그날 공항으로, 한국의 원양어선 선원과 주재원, 그리고 사모아 정부 관계자와 총독이 영접차 나갔다.

비행기가 도착한 후 박정희는 총독의 영접을 받고 즉석에서 환영사를 통해 "총독 각하, 이곳에 우리 국민이 많이 와서 열심히 일을 하고 있습니다. 만에 하나 이들 중에 누군가가 귀하 나라의 법을 어기고 불미스러운 일을 저지른다 해도 귀하의 국민처럼 따뜻하게 보살펴 주시기를 바랍니다. 저들의 가족과 멀리 떨어져 있어 나의 마음이 놓이질 않습니다. 저들의 잘못은 바로 나의 잘못입니다. 나를 대하듯 대하여 주시기를 바랍니다. 존경하는 총독 각하, 우리 국민을 잘살게 하고자 이역만리 이곳에 와서 불철주야 외화획득을 하는 우리 선원들과 일일이 손을 잡아보고자 하오니 시간을 좀 주시기 바랍니다."라고 했다.

이는 박정희의 꾸밈없는 순수한 발언이자 심정이었다. 그러자 도열해 있던 수백 명의 선원들은 '박정희 만세!'를 외치고 '대한민국 만세!'를 외치고 또 외쳤다.

박정희는 총독과 함께 도열해 있는 우리 선원들을 사열하고 한 사람 한 사람 악수를 나누면서 '고향이 어디냐? 집에서 편지는 오느냐? 아픈 데는 없느냐?'고 물었다. 그렇게 바닷물에 거

칠어진 악어발과 같은 선원들의 손을 잡으며 '고생이 많지. 젊은 사람이 벌써 이렇게 머리가 희어졌어.'라고 위로했다.

선원들은 환영행사에 나갈 때는 '사전에 연락이나 하고 오지 왜 이렇게 갑자기 오느냐?'며 불평과 불만이 터져 나왔는데, 환영행사를 마치고 돌아오는 길에는 '우리의 눈물을 닦아주는 대통령, 다정한 대통령'으로 인식하게 되었다.

인재를 널리 구하되 믿고 맡겨라

박정희는 인간의 단점을 덮고 장점을 활용했다. 단점을 덮어주고 썼기 때문에 그들은 더 열심히 일했다.

그는 한번 믿고 쓰면 부하에게 많은 재량권을 주었다. 위에서 아랫사람을 보면 부족한 것이 많을 텐데 그는 인내심을 가지고 지켜보고 격려하고 능력을 발휘하도록 배려했다. 장관에게는 차관 이하의 인사권을 주는 대신 책임을 물을 때도 장·차관이 함께 지도록 했다. 아래로 권한 위임을 많이 했기 때문에 자신은 중요한 것을 집중적으로 챙길 수 있었다.

그리고 지시보다도 확인을 중시했다. 문제가 풀리지 않을 때는 현장에 나갔다. 대범하면서도 본질적인 부분에서는 세부적인 점까지 확인했다. 권한 위임을 한 뒤 방치하지 않고 반드시 결과를 점검했기 때문에 전체적인 통제가 가능했다. 그는 공사나 건설의 마감시간을 관리했다. 시간이 가장 중요한 자원임을 알고 있었다.

그는 부하들의 이야기를 많이 들었다. 특히 실무자들의 이야기를 경청했다. 지시할 때는 정확한 의미 전달이 되도록 신경을 썼다. 박정희는 현장과 실무, 그리고 구체적인 대안 제시를 소중하게 여겼다.

박정희에게는 '하인에게는 영웅이 없다'는 말이 통하지 않았다. 박정희를 가장 높게 평가한 사람들은 그와 가까이 있었던 비서, 운전사, 보일러공, 이발사들이었다. 그는 인간차별을 하지 않았다.

박정희는 또 사람을 긴장시키기도 하고 감동시키기도 하며, 그 사람을 자기편으로 만드는 기법을 터득하고 있었다.

무역진흥 확대회의에 참석한 기업 대표들과 인사를 하는데, 효성그룹 산하의 사장과 악수를 하면서 "조홍제 회장께서 입원해 계시다면서요. 꼭 안부를 전해주십시오."라고 했다.

병상에서 대통령의 말을 전해 들은 조 회장은 기분이 좋아서 "적자를 봐도 좋으니 수출량을 늘려라"고 지시했다.

그 시대의 공직자들은 이렇게 말했다.

"밤잠을 설쳤어도 신바람 났었다."

"황폐했던 우리 국토가 푸르게 바뀌어 가는 모습을 보면 밥을 안 먹어도, 잠을 안 자도 힘이 솟았다."

공무원들에게 있어 국가가 커가는 것이 보일 때 그들의 성취감과 기쁨은 무엇과도 바꿀 수 없는 것이었다.

박정희는 개인적 친분 관계에 냉혹했다. 공적인 일에 사심을 개입시키지 않았다. 오직 국익이라는 목표에 맞추어 최고의 인재들을 적재적소에 등용했다. 그는 이들과 때로 막걸리를 마시며 기탄없는 의견을 교환했고, 국익 앞에서는 대통령의 권위도 벗어던졌다.

인재의 행렬이 '조국 근대화'의 여정에 동행하였다.

이들의 열정과 헌신은 박정희가 아닌 국가로 향했다. 박정희가 그렇게 방향을 분명히 잡아주고 사명감과 긍지를 높여주었다. 조국 근대화의 성공을 이끈 인재들은 모두가 박정희의 분신이었다. 부하가 아니라 또 다른 박정희였다.

영원한 비서실장 김정렴

박정희는 1979년 10·26까지 자신의 통치구호대로 싸우면서 일했다. 무엇보다 김일성과 싸우면서 그는 '산업화·근대화된 국가'를 향해 질주했다.

김정렴 비서실장은 '박정희 드라마'의 주인공이다. 9년 3개월간 청와대 비서실장을 지내 박정희의 집권기간 18년 6개월의 꼭 절반이다. 그는 누구보다도 박정희에게 필요한 인물이었다. 박정희는 그가 재무·상공장관을 해내는 능력을 눈여겨보았다. 1969년 10월 그를 비서실장으로 발탁하면서 박정희는 "나는 국방과 안보·외교 때문에 경제를 들여다볼 여유가 없다. 그러니 경제문제는 비서실장이 잘 챙겨달라"고 당부했다. 김정렴은 박정희 경제사령관의 총참모장이었다.

김씨를 일컬어 '비서실장학의 교과서'라고 지적하는 이들이 많다. 그는 불필요한 잡음을 내지 않았으며 자신을 철저히 낮추었다.

술잔이 도는 회식자리에서 박정희가 노래를 시키면 그는 두 손을 귀에 갖다 대고 "산토끼 토끼야"를 불렀다. 다른 노래를 부르라고 하면 그는 "따르릉 따르릉 비켜나세요. 자전거가 나갑니다."를 불렀다. 그는 '내가 어떻게 각하 앞에서 각하처럼 폼을 잡고 유행가를 부를 수 있겠는가'라는 생각을 가졌다.

김 실장에게는 이후락·김형욱·차지철 같은 권력의 오만과 방종, 부패가 없었다. 그는 권력의 커튼 뒤에서 숨소리도 들리지 않게 정권을 관리했다. 박정희만큼이나 청렴했고 비리의 잡음이 없었다.

그가 주일 대사로 나간 후 10개월 만에 정권이 무너졌다. 박정희의 빈소를 찾은 그에게 적잖은 이들은 "김 실장이 있었더라면 김재규와 차지철이 그렇게 싸우거나, 김재규가 박 대통령에게 총을 쏘지 못했을 것"이라고 말했다. 9년 3개월이 말해 주듯 김씨는 훌륭한 도승지였다.

박정희 사후에도 김씨는 한눈팔지 않고 박정희의 역사를 기록하는 일에 몰두했다. 1990년 10월 그는 박정희의 경제개발을 기록한《한국경제정책 30년사》를 펴냈다. 1991년 8월엔 직접 일본어로《한국경제의 발전—한강의 기적과 박 대통령》을 썼다. 중국 신화통신사의 신화출판사는 1993년 6월 이 책을 번역해 출판했다. 중국의 많은 당·국영기업체 간부와 정부 관리가 이 책을 읽었다.

1994년 10월 세계은행 경제개발원은 정책수립 회고총서의 창간호로 김씨의 책을 선정해 출판했다. 박정희 기록의 세계화가 완성되었다.

김씨는 1997년 6월 박정희 통치비사와 인간적인 얘기를 담은《아, 박정희》를 펴냈다. 이 작업을 마친 후 그는 "이승에서 해야 할 일은 다 했다"고 말했다.

김정렴은 1924년생으로 충남 강경상업학교를 졸업한 후 일본 규슈 오이타고등학교를 졸업했다. 1944년 조선은행에 입사한 후 징병되어 일본 육군 예비사관학교 견습 사관으로 임관되어 1945년 8월 6일 히로시마에서 원폭 피해를 입고 육군병원에서 입원 치료를 받은 후 고국으로 돌아와 복직했다.

그는 재무부 이재국장과 차관, 상공부 차관, 재무부 장관, 상공부 장관을 역임한 후 1969년 10월 대통령 비서실장이 되었다. 그는 한국의 수출 진흥과 화학공업 발전 그리고 포항종합제철과 울산 석유화학단지 건설에 앞장섰다.

그는 박정희가 가는 곳이면 어디나 자리를 함께했다. 그는 박정희의 의중을 누구보다 잘 알고 있었고, 술친구이자 입 무거운 말벗이었다. 그리하여 그는 겸손을 주무기로 하여 건국 이래 최장수 비서실장을 지내면서 한국의 경제발전에 기여하였다.

난제를 믿고 맡겼던 정주영

박정희는 막걸리 스타일인 정주영을 형제이자 파트너로 호흡을 같이했다. 궂은일을 믿고 맡겼고 정주영은 그것을 해냈다.

이들은 10대 때부터 고향을 떠나 전혀 다른 세계를 꿈꾸었다는 공통점이 있었다. 어릴 때부터 이순신이나 나폴레옹을 읽었던 경험도 같았다. 정주영은 쌀 배달꾼으로 시작해 자동차 수리업을 거쳐 건설업에 뛰어들었다. 박정희 역시 교사생활을 박차고 만주로 가 군인의 길을 걷다가 혁명을 일으키는 등 과거와 단절된 도약의 생활을 했다. 그런 그들이 나라나 경제 이야기만 나오면 서로에게 푹 빠졌다.

경부고속도로 공사가 한창일 때 박정희와의 독대에서 정주영이 꾸벅꾸벅 조는 사건이 발생했다. 아무리 현장감독으로 잠을 못 잤다 해도 결례가 분명했다. 그러나 "각하, 너무 죄송합니다."라면서 안절부절못하자 박정희는 정주영의 손을 잡고 "정 사장, 이거 내가 피곤한 사람에게 말을 시켜서 원 미안하구만." 이라고 위로했다. 정주영은 감동했다. 최고권력자와 독대하던 중 앞에서 코를 골며 잠을 자던 정주영이나 황당한 상황에서도 눈을 감아주며 다독여 주는 대통령…… . 모두 사람의 마음을 사로잡는 위대한 리더였다.

체질적으로 소박했던 박정희는 막걸리 스타일의 정주영을 좋아했고, 정주영은 그런 박정희를 믿고 따랐다.

주파수가 일치한 소양강 다목적댐

1968년 9월 호주를 거쳐 뉴질랜드를 방문한 박정희 내외가 마지막으로 오클랜드 시를 방문했다. 오클랜드 시장이 리셉션을 마련했다. 그 리셉션에서 한 6·25 참전용사가 부인과 함께 육영수 여사에게 다가와 인사를 나누더니, "한강에 지금은 홍수가 나지 않습니까?"라고 물었다.

이 참전용사는 전쟁의 와중에 덮친 한강의 홍수를 보고 속수무책으로 겪어야 했던 재난의 참상을 잊을 수 없었다. 육 여사에게 난처한 질문이라 주변에 당황한 기색이 감돌았다. 그러나 육 여사는 부드러운 미소를 잃지 않고 "한강에는 지금 기적이 일어나고 있답니다."라고 받아 넘기자, 그 절묘한 위트에 웃음이 터지고 박수가 쏟아졌다.

리셉션은 그렇게 마쳤지만, 박정희 내외의 심정은 한없이 무겁기만 했다. 연례행사처럼 겪는 한해와 수해는 해마다 숱한 인명과 재산을 앗아갔다.

박정희는 대책마련을 지시했다.

비로소 한강변에 '상습 침수'라는 말이 사라지고 한강 홍수의 아픔을 잊을 수 있게 된 것이다.

1967년에 착공했던 소양강 댐은 재원의 일부를 대일 청구권 자금으로 충당하였고, 일본 공영이 설계에서 기술, 용역까지 담당하게 되어 있었다.

일본 공영의 설계는 콘크리트 중력댐이었다. 콘크리트 중력댐이라 철근, 시멘트 등 기초 자재에서부터 우리나라 생산시설로 그 같은 대규모 토목공사를 감당하기엔 역부족인 상황이었다. 설사 자재의 수급 능력이 있다 해도 그 산간벽지까지의 운반에는 엄청난 돈을 퍼부어야 했다. 설계비에 기초 자재비, 그리고 기술 용역비까지 일본으로 나가게 되어 있었다.

순간 정주영은 소양강 댐이 들어설 자리 주변에 무진장으로 널려 있는 모래와 자갈을 떠올렸다. 관계관을 즉각 현장으로 파견했다. 돌아온 이들의 보고는 정주영의 생각과 일치했다. 콘크리트 대신 주위의 모래, 자갈을 이용해 사력댐으로 하는 편이 훨씬 경제적이라는 결론이었다.

정주영은 서둘러 당국에 사력댐으로 시공하자는 대안을 제시했다. 끈기 있게 조사의 타당성을 주장하고 설득했으나, "정 사장, 당신이 댐에 대해서 뭘 안다 그러시오? 어디서 댐에 대한 공부를 했소? 일본 공영은 동경대 출신 집단이며 세계 유수의 댐을 설계한 회사인데, 소학교밖에 안 나온 무식한 사람이 사력댐으로 하면 지방 상수도 10개의 공사를 할 수 있는 돈을 절약

할 수 있다느니 무슨 그런 쓸데없는 소릴 해서 소란스럽게 만드시오?" 하는 동경대 출신 사토 사장의 모욕적인 면박만 당하고 소득 없이 끝났다.

사력댐 대안은 제2차 세계대전 이후 높이 1백 미터 이상의 댐은 콘크리트 중력식 댐보다는 사력으로 만드는 중력식 댐이 훨씬 경제적이라는, 당시 세계적인 추세에 근거한 것이었다. 그것은 그 이전에 프랑스가 설계한 태국의 파숀 댐 공사에 입찰하면서 얻은 정보였다.

정주영은 그들의 말대로 동경대는커녕 전문학교도 못 들어간 소학교 출신인 것이 사실이니 할 말이 없었다.

이때 건설부 장관은 정주영이 직접 박정희에게 사력댐 대안을 내놓아 적은 예산으로 댐을 만들고 지방 상수도까지 해결할 수 있다고 하면 대통령이 흔들릴까 봐 염려스러웠다.

그래서 미리 방패막이로 현대의 사력댐 대안에 대한 간단한 보고를 하면서, "현대 정 사장 말대로 하면 큰일 납니다. 댐을 만드는 도중에 물이 반쯤 찼을 때 예측 못한 큰비라도 와서 댐이 무너지면 서울시가 다 물에 잠겨 정권이 흔들립니다."라고 했다.

이 말을 들은 박정희는 '댐이 반쯤 찼을 때 무너져도 서울이 물바다가 될 것 같으면, 높이 126미터의 콘크리트 댐이 완공되어 물이 찼을 때 만약 이북에서 폭격이라도 하면 그때는 끝나는 거 아닌가?' 하는 생각을 했다. 박정희는 포병 장교 출신이었다. 전시체제 생각을 항상 하고 있던 박정희는 만약의 경우 폭격을 맞아도 한 번 들썩하고 조금 패일 뿐 댐이 파괴될 걱정이 없는 사력댐 대안이 신선했다.

박정희는 공사 도중의 예기치 않은 홍수에 대한 대비책을 강구해서 사력댐으로의 전환 검토를 지시했다. 박정희와 정주영의 주파수가 맞은 것이다. 박정희의 지시대로 건설부와 일본 공영은 사력댐으로 전환할 수밖에 없었다.

이런 곡절을 겪고 소양강 다목적댐은 당초 예산의 30%를 줄여 사력댐으로 설계를 바꾸어 공사에 들어갔다. 박정희는 소학교 출신 정주영의 지혜를 믿고 일을 맡겼다.

'소양강 처녀'라는 대중가요로 친숙한 소양강 댐은 세계 5위의 규모다. 저수용량은 29억 톤으로 가뭄에 수도권 시민이 1년 이상 물 걱정 없이 지낼 수 있고, 홍수 때에는 서울 상암동 월드컵경기장 6백 개를 채울 수 있다.

도약의 전기를 마련한 경부고속도로

한편 박정희의 고속도로에 대한 동경은 1954년 미 포병학교 유학 시절로 거슬러 올라간다. 박정희는 생전 처음 현대화된 도로를 경험하였고, 이는 그에게 깊은 인상을 주었다. 그 후 1964년 대통령이 되어 서독을 공식 방문하면서, 고속도로에 대한 관심은 다시 촉발되었다. 에르하르트 서독 총리와 면담할 때 박정희는 고속도로에 대한 이야기를 꺼냈다. 에르하르트는 서독의 경제번영에 아우토반이 큰 기여를 했다면서, "아우토반에 진입할 때 마음속으로 그 고속도로에 경의를 표합니다"라고 말했다.

"각하, 우리를 믿어주세요. 군인은 거짓말을 안 합니다. 우리도 독일처럼 분단국가입니다. '라인 강의 기적'처럼 경제를 살려서 갚겠습니다." "각하, 제가 이승만 대통령 시절 한국에 두 번 갔었습니다. 산이 많던데 그러면 경제발전이 어렵습니다. 대동맥을 뚫으세요. 독일에도 산이 많았는데 1932년 본-쾰른 간 아우토반을 건설했고, 1933년 집권한 히틀러가 아우토반을 전국으로 확장, 건설한 것이 경제부흥의 원동력이 되었습니다. 각하께서 내일 그 역사적인 길을 가십니다. 히틀러는 정치는 실패했지만, 경제발전의 초석을 닦았습니다. 폴크스바겐 자동차 공장을 만들고 철강공장을 만든 것도 히틀러였습니다. 각하도 고속도로를 만든 다음에 자동차 물동량을 늘리고 제철공장도 만드세요. 그리고 일본과 국교를 맺으세요. 지도자는 과거보다 미래를 봐야 합니다."

이들의 대화에는 국가지도자로서의 고뇌와 진지함이 배어 있었다.

이윽고 박정희는 그 유명한 아우토반을 달려보게 되었다. 박정희는 아우토반을 달리면서 두 번이나 차를 세워 도로의 노면과 중앙분리대, 교차시설, 신호등 등을 자세히 살펴보았다.

박정희는 귀국하자마자 고속도로에 대한 연구를 시작했다. 그리고 1967년 제6대 대통령 선거공약으로 "대국토 건설계획을 발전시켜 고속도로와 항만 건설 및 4대강 유역의 종합개발을 2차 경제개발 5개년 기간 중에 착수하겠다"는 공표를 하였다.

그 당시 한국의 실정으로 고속도로 건설이란 감히 엄두도 내지 못할 형편이었다. 국내는 물론 국외에서도 부정적 또는 회의적인 반응이 지배적이었다. 특히 3차 경제개발 5개년계획까지의 교통문제를 조사한 IBRD 조사단도 교통 및 수송난을 고속도로망으로 해결해야 한다는 건의는 물론 방향조차 제시하지 않았다.

어느 날 밤, 박정희는 정주영을 불렀다. 고속도로 건설문제를 상의하기 위해서였다. 정주영은 태국에서 고속도로를 건설한 경험이 있었다. 박정희는 자신의 서재로 정주영을 데려가, 자신이 공부한 고속도로 관련 서적을 보여주었다. 그리고 한시바삐 이런 고속도로가 필요하다고 설명했다. 그는 연필을 들고 직접 인터체인지를 그려가면서 고속도로를 만드는 방법까지 정주영과 논의하였다. 문제는 어떻게 가장 적은 비용으로, 가장 짧은 시간 안에 고속도로를 완공할 수 있는가 하는 것이었다.

박정희는 '조국 근대화'의 일환으로, 1967년 11월 건설부 장관에게 경부고속도로 건설을 지시했다.

"늦어도 내년 초에는 착공해야 한다. 기존 국도를 확장하는 것도 좋고, 전혀 새로운 길을 만드는 것도 좋다. 구체적인 청사진을 만들어 보고하라."

국토개발 계획을 비롯해 각 노선과 단면도의 비교검토 및 건설비 산출, 용지매수에 따르는 자료 등을 직접 지휘하였다. 가장 큰 문제점은 공사비였고, 박정희가 노심초사한 문제도 바로 그것이다.

박정희는 헬기를 타고 고속도로 건설 예정 구간을 하늘에서 살펴보고, 때로는 직접 지프차를 타고 현장을 확인했다.

그리고 고속도로 건설 관련부서에 공사비를 책정하라는 지시를 내렸다. 고속도로 건설비용이 얼마나 드는지 알아보기 위해서였다.

박정희는 건설비 책정이 제각각이자, 서울시가 산출한 최저가인 180억 원과 건설부가 책정한 최고가인 640억 원의 중간선인 315억 원에 현대건설이 책정한 380억 원을 비교검토한 후 300억 원 선이면 가능하다고 판단했다. 그리고 여기에 예비비 10퍼센트를 더해 330억 원 선으로 고속도로를 완료하라고 지시했다.

일본 도메이 고속도로 건설에 비하면 10분의 1 수준이었다.

박정희는 〈국가 기간고속도로 건설계획 조사단〉을 1967년 12월 15일 발족시키고, 1968년 2월 5일 제8차 경제장관회의에서 경부고속도로 건설 재원확보 계획을 확정했다. 재원확보 다음의 난제는 건설장비의 도입 문제였다. 정부는 비상조치로서 미·영·불·스웨덴 등의 유명업체와 협의하여 건설회사 부담의 상업차관으로 도입하였다.

1968년 2월 1일 원지동에서 서울~부산 고속도로 건설공사의 첫 발파 소리가 울려 퍼졌다. 박정희와 육영수 여사가 나란히 서고, 그 옆에 현대건설 정주영 등이 테이프를 잘랐다.

428km 구간은 현대건설, 삼환기업, 대림토건, 삼부토건, 극동건설 등이 공사를 맡았다. 박정희는 정주영의 현대건설에 전체 구간 428km 중 133km를 맡겼다. 서울에서 오산까지 105km와 대전에서 옥천까지의 28km 구간이었다. 최고의 난공사를 믿고 신뢰하는 정주영에게 맡긴 것이다.

특히 당재터널 공사가 최고 난공사로서 13회에 걸친 낙반 사고와 인명피해를 내면서 공기에 차질을 빚었다. 그러나 이러한 어려움 속에서도 박정희의 신뢰에 보답이라도 하듯 정주영은 덜컹거리는 44년형 지프차를 타고 현장을 누볐고, 나중에는 공사현장에 야전침대를 갖다 놓고 공사를 진두지휘하였다.

박정희는 서울~부산 간에 공사가 벌어지고 있는 동안 헬리콥터나 지프를 타고 수없이 현장을 시찰하며 공정을 살폈고, 현장 관계자와 인부들을 격려했다. 그리고 '고속도로 구상도', '서울~부산선 축선 확정도', '용지 매수계획에 관한 노트', '감독반 구성에 관한 지시', '공정 계획표', '연도 조경' 등을 직접 메모해 가면서 확인하는 등 심혈을 기울였다.

착공한 지 2년 5개월 만에 당초 330억 원으로 예상했던 공사비는 설계변경과 물가상승 등으로 429억 원, 공사에 동원된 연인원 약 9백만 명 및 장비 165만 대가 투입되어 총 연장 428km의 최대 토목공사인 서울~부산 간 고속도로가 1970년

7월 7일 드디어 개통되었다.

박정희는 1968년 연두 기자회견에서 그의 소신을 다음과 같이 밝히면서, 많은 반대를 무릅쓰고 고속도로 건설에 착수했었다.

"우리가 경부고속도로를 건설한다고 하니 이구동성으로 안 된다, 꿈이다 하고 반대한다. 그러나 그것은 우리 민족의 꿈이다. 부산에서 신의주까지 고속도로를 건설하여 남북을 주파하고 싶은 것이 분명 민족의 꿈이다. 언젠가는 그런 역사가 오고야 말 것이다. 그래서 우선 경부고속도로부터 건설하여 우리의 꿈을 우리가 실현해 가자는 것이다. 안 된다고 생각하는 사람이 많지만, 나는 절대로 된다고 확신한다."

정주영은 다음과 같이 회고했다.

"나를 비롯한 현대그룹의 임직원들은 국가적 대사 앞에서 잠을 편안히 잘 수 없었다. 아니, 잠이 오지 않았다. 그야말로 계절을 느끼지 못할 만큼 열심히 일을 했다. 옥천공구와 당재터널 공사 등 어려운 공정도 많았다. 건설부 장관과 도로국장이 일주일에 1~2회 현장에 나타났고, 박 대통령의 성화가 그치지 않았다. 총칼 없는 전쟁이었다. 나는 기업의 흑자를 포기하고 명예를 택했다."

이렇게 만들어진 경부고속도로는 교통·경제·사회·문화·

군사 등 모든 분야에 걸쳐 새로운 도약의 전기를 마련했고, 전국을 하루 생활권으로 묶었으며, '우리도 하면 할 수 있다'는 신념과 자각을 국민에게 일깨워 주었다. 그리고 박정희가 단행한 2차선 고속도로의 4차선 폭 용지 확보, 접도구역의 통제, 그리고 그린벨트의 설치와 엄수는 국토개발의 기반이 되었다. 박정희는 한국형 고속도로 건설의 아이디어를 착안해 내고 실천하여 성공시켰다.

추풍령의 고속도로 기념비에는 "우리나라 재원과 우리나라 기술과 우리나라 사람의 힘으로 세계 고속도로 건설사상 가장 짧은 시간에 이루어진 길"이라고 쓰여 있다.

리더십과 헌신이 이룬 조선 산업

박정희는 경공업 위주로는 한계가 있다고 판단하고 조선이나 기계, 전자, 자동차 등 부가가치가 높은 산업을 일으켜야 한다는 생각을 가지고 있었다. 즉 중화학공업을 활성화시켜 수출 대국으로서의 돌파구를 열어나간다는 구상이었다. 그 첫 번째가 조선 산업이었다.

박정희는 자주국방을 위해서도 반드시 조선 산업을 키워

야 한다고 판단했다. 조선소 건설을 필두로 부가가치가 높은 기계·전자산업을 육성하겠다는 복안을 가지고 있었다.

그러나 이러한 대규모 사업은 정부 관료의 힘만 가지고 되는 것이 아니었다. 박정희와 김학렬 장관은 정주영을 떠올렸다. 특히 박정희는 정주영을 좋아했다. 저돌적인 추진력을 가지고 있었기 때문이다.

박정희에게 조선소 건설을 제안받은 정주영은 곧바로 기술 제휴와 차관도입에 나섰다. 정주영은 일본, 캐나다, 미국을 방문하여 몇몇 회사와 접촉을 시도했다. 그러나 반응은 냉담했다. 거의 문전박대를 당한 것이나 다름없었다.

설상가상으로 국내에서도 정주영의 조선소 건설에 회의적이었다. "정주영은 토목쟁이다. 조선소를 건설하려면 기계, 전기, 전자, 터빈 같은 중공업 기술이 필요한 것이지, 길을 닦거나 집을 짓는 토목기술이 필요한 것이 아니다."라며 떠들어 댔다.

박정희는 정주영을 청와대로 불렀다. 정주영은 머리를 숙이며, 조선소 건설을 포기해야 하겠다고 말했다.

박정희는 정주영의 얼굴을 노려보았다. 그의 눈길에는 분노가 서려 있었다.

"국가가 절실히 원하고 한 나라의 대통령이 그토록 원하던 사업인데, 이렇게 쉽게 못 하겠다는 말씀이 나오시오? 대통령이 자존심을 걸고 추진하는 사업인데, 기업이 무시하는 것은 국가를 무시하는 것이오. 지금 내 앞에 앉아 있는 사람이 여러 반대를 무릅쓰고 작열하는 태양 아래서 고속도로를 건설한 정주영 사장이 맞소?"

박정희는 감정을 그대로 표출했고, 정주영은 얼어붙었다.

"지금부터는 앞으로 현대가 어떤 사업을 한다고 해도 일체 도움을 주거나 관심을 갖지 않겠소."

박정희의 무서운 질책이었다.

정주영은 대통령의 집념을 깨닫고, 어떠한 일이 있더라도 조선소를 완성하겠다고 다짐하고 박정희에게 약속했다.

그러자 박정희는 정주영의 어깨를 두드리며 격려했다.

그날부터 정주영은 조선소 건설에 모든 것을 걸었다. 정주영은 냉대받았던 미국, 캐나다, 일본을 제외하고 다른 나라로 갔다. 우선 영국으로 날아갔다. 런던에 도착한 정주영은 버클레이 은행장을 찾아갔다. 난데없이 찾아온 한국 사람이 설명하는 조선산업 계획을 들어야 했다. 그러나 결과는 냉담뿐이었다. 한국에 차관을 제공하기 위해서는 영국의 수출신용보증기금이라는 기관에서 차관 제공을 승인받아야 한다는 점을 강조했다. 정주영은 벽에 부딪히고 귀국했다.

박정희는 정주영을 불렀다.

"차 듭시다. 비행기를 오래 타서 피곤할 텐데, 옷도 갈아입지 않고 청와대로 와주셔서 고마워요."

"버클레이 은행에서 차관 승인을 해주었습니다. 그래서 4,100만 달러는 곧 차관이 되겠다고 생각했는데, 그 다음 수출신용보증기금에서 또다시 승인을 받아야 된다기에……."

"정 사장, 무슨 얘기를 하려는지 알고 있어요. 내 자신을 던지고 대의를 선택하면 우군이 생깁니다. 길이 있습니다. 내일 당장 영국으로 가주시오."

박정희는 부드럽게 다시 한 번 추진해 달라고 부탁했다. 지난번과는 완전히 달랐다. 사람의 마음을 움직이는 그만의 기법을 적용했다.

정주영은 오히려 더 부담감을 느꼈다. 이제 포기하면 두 번째였다. 대통령과 남남이 되는 것은 생각만 해도 끔찍했다. 정주영은 다시 한 번 결심했다.

'좋다. 나는 대통령을 위해서 내 몸을 던지겠다. 지금은 국가경쟁력이 워낙 모자라 어쩔 수 없다. 내가 앵무새가 되어도 좋고, 그깟 자존심쯤 짓밟혀도 좋다. 일국의 대통령이 자존심을 버리고 부탁하는데, 내가 못 한다고 할 수는 없지.'

그리고 그는 다시 런던으로 날아갔다.

"이봐, 영국에서 제일 좋은 대학이 어디야?" 동행한 김윤규

상무에게 물었다. 난데없는 질문에 김윤규가 얼떨결에 "옥스퍼드 대학입니다"라고 대답하자 "그리로 가자"고 했다.

옥스퍼드 대학에 들어온 정주영은 대학 잔디밭을 10분쯤 말없이 걷고는 "이제 됐다. 가자."라고 하면서 버클레이 은행장을 만나러 갔다.

"이번엔 또 무슨 일로 오셨습니까?"

"아, 내가 방금 전에 옥스퍼드 대학에서 경제학 박사학위를 받았습니다."

그러자 은행장은 눈을 동그랗게 떴다. 김윤규 상무도 마찬가지였다.

통역을 맡은 김윤규는 어이가 없어서 "사장님, 언제 박사학위 받았어요?"라고 물었다.

"임마, 아까 받았다고 그래."

김윤규는 정주영이 시키는 대로 통역했다.

버클레이 은행장은 어떤 논문으로 박사학위를 받았는지 물었다.

"내가 조선소 건립에 관한 논문을 제출했더니 단 두 시간 만에 박사학위를 줍디다."

이어 박사학위를 보여달라고 하자 "은행장님, 이것이 무엇인지 아시오? 이 돈에 무엇이 그려져 있습니까?"

버클레이 은행장이 500원짜리 지폐를 보았다.

"이것이 거북선이라는 배요. 우리나라에서는 500년 전에 이런 배를 만들었소. 이 배 한 척으로 수백 척이나 되는 일본 군함과 싸워 이겼소."

버클레이 은행장이 지폐 속에 그려진 거북선을 찬찬히 보면서 이렇게 말했다.

"알았습니다. 한국 조선공업의 역사가 만만치 않다는 것을 느꼈습니다. 당신이 얘기한 돈은 빌려드리겠습니다. 그러나 조건이 있습니다. 당신이 만든 배를 누군가가 사겠다는 계약서를 가지고 오시오. 계약서를 가지고 오면 그 자리에서 돈을 내드리리다."

한 고비를 넘겼다 싶었더니 또 한 고비, 이제 배를 사줄 사람을 찾아야 했다. 정주영은 바로 그리스 아테네로 날아가, 세계에서 배를 가장 많이 발주하는 해운업자 리바노스를 만났다.

정주영은 당신의 계약서만 있으면 영국 버클레이 은행의 돈을 빌릴 수 있다며, 배 한 척을 발주해 달라고 부탁했다. 황당한 부탁이었다.

그러나 리바노스는 정주영이 보통 사람이 아니라는 것을 직감했다. 멀리 코리아에서 와서 대담하게 부탁하는 정주영이 믿음직스러웠다.

"좋소. 한 척이 아니라 두 척을 만들어 주시오."

그는 두 척의 배를 발주했다. 그간의 어려움이 한꺼번에 해결되었다.

그렇게 해서 정주영은 버클레이 은행에서 4,300만 달러의 차관을 빌려 한국으로 돌아왔다. 그리고 귀국하여 바로 박정희를 방문했다. 박정희는 소식을 듣고 어린애처럼 좋아했다.

"정 사장, 이제 우리가 염원하는 조선소를 지을 수 있게 되었소. 이제부터 당신은 울산으로 내려가서 배를 만드는 데 전력투구하시오."

대통령의 당부였다.

정주영은 울산으로 내려갔다.

'배가 별건가? 배 위에 빌딩 하나를 짓는 거지.'

정주영은 단순하게 생각했다. 이렇게 해서 한국에 조선소가 만들어지게 되었다.

박정희의 밀고 당기는 리더십과 정주영의 헌신이 오늘날 세계 1위의 조선 국가를 만들었다.

서민을 생각했던 자동차산업

1968년 10월 박정희는 김정렴 상공부 장관으로부터 수출에 관한 보고를 받은 후 김 장관에게 물었다.

"한국의 자동차산업의 발전을 위해서는 부품의 국산화가 중요한데, 그 문제는 어떻게 처리되고 있습니까?"

박정희는 달러가 귀한 판에 자동차부품 수입대금이 눈덩이처럼 불어나자 한시바삐 자동차부품을 국산화해야 하겠다고 생각했다. 또한 자동차산업을 육성하여 주요 수출품으로 삼아야겠다는 구상도 가지고 있었다.

1960년대 당시 자동차는 신진공업과 새나라자동차에서 국산 자동차를 생산하고 있었으나 신진은 일본 도요타와, 새나라는 일본 닛산과 기술제휴를 하여 배터리, 엔진 등 주요부품을 제외한 몸체, 다시 말하면 껍데기만을 생산하는 수준이었다.

그러나 박정희의 부품국산화 지시 이후 5년 만인 1974년에 100퍼센트의 국산화가 이루어졌다.

이러한 때에 오늘날 세계를 주름잡는 현대자동차가 등장하였다. 초기 현대자동차는 미국의 포드자동차와 합작으로 코티나, 포드 20M, 트럭, 버스 등을 생산하였으나 1970년에 합작을 포기하고 독자적으로 자동차 생산에 나섰다. 그렇게 해서 만들어진 것이 조랑말이라는 뜻의 '포니'이다.

정주영은 포드와의 합작을 포기하고 자동차 생산에 나서면서 1974년 연 생산 5만 6천 대 규모의 승용차 공장 건설에 착수했다. 국제 자동차박람회에 포니를 출품하여 세계무대에 올려놓았다.

포니는 국내시장에서 큰 인기를 끌어 생산하기에 바빴고, 1976년에 에콰도르에 6대를 수출함으로써 세계시장에 첫발을 내디뎠다.

기아자동차 역시 박정희의 부품국산화 지시에 따라 1971년부터 화물차를 생산하였다. 어렵게 시작한 한국의 자동차산업은 크게 도약하여 자동차 대량생산 시대를 열었다.

1974년 4월 5일 박정희는 식목일 행사를 마치고 귀경길에 예고 없이 소하리 기아자동차 공장을 방문했다. 박정희는 김선홍 기술상무에게 '국민차 값이 얼마냐?'고 물었다. 김 상무는 약 150만 원이라고 답변했다. 박정희는 "좀 더 싸게 할 수 없나? 국민차는 값이 싸야 서민들이 살 수 있지 않겠는가? 2천 달러(당시 약 95만 원) 정도로 생산할 수 없겠는가?"라고 물었다.

박정희는 값싼 대중차를 보급하여 전 국민이 소유하는 마이카 시대를 염두에 두었다. 이러한 박정희의 집념으로 오늘날 세계 유수의 자동차 브랜드를 제치고 한국의 자동차가 세계를 누비게 되었다.

박정희는 믿음이 가는 정주영에게 어려운 일을 맡겼고, 정주영은 자신을 믿고 맡겨준 은혜에 보답하는 멋진 드라마를 우리에게 보여주었다.

정주영은 1915년 강원도 통천에서 가난한 농가의 장남으로 태어났다. 가난을 피하고자 집을 나온 그는 서울의 쌀가게에 취직했다. 그는 누구보다도 일찍 일어나 부지런히 일했다. 1937년 주인의 신임을 얻어 쌀가게를 물려받은 그는 간판을 '경일상회'로 바꾸었다. 이것이 그의 첫 사업이었다.

그 후 1946년 '현대 자동차공업사'를 세웠고 회사 직원들을 가족처럼 대하며 검소하게 생활했던 그는 1957년, 6·25 전쟁의 폐허를 딛고 현대건설을 설립했다. 그는 "무슨 일을 시작하든 '된다는 확신 90%'와 '반드시 되게 할 수 있다는 자신감 10%' 외에 안 될 수도 있다는 불안은 단 1%도 갖지 마라."는 정신으로 현대건설을 국내 최고의 건설회사로 키워냈다.

우리의 기술로 포니라는 자동차를 만들었고, 세계에서 가장 큰 조선소를 세웠다. 현대그룹은 수많은 국내외 사업을 주도하면서 세계시장에 진출하는 데 성공했다. 정주영만의 창조적 기업가 정신과 강인한 추진력이 있었기에 가능했다.

정주영은 그의 자서전 《시련은 있어도 실패는 없다》에서, 기적을 일구어 낸 한국경제와 현대그룹을 두고 다음과 같이 해석했다.

"종교에는 기적이 있을 수 있겠지만 정치와 경제에는 기적이 없다고 나는 확신한다. 경제학자들이 기적이라고 하는 것은 경제학 이론으로, 수치로는 불가능한 것이 실현된 데 대한 궁색한 변명이다. 확실히 우리는 이론적으로나 학문적으로 불가능한 일을 해냈다. 우리 국민들이 진취적인 기상과 개척정신, 열정적인 노력을 쏟아 부어 이룬 것이다. 바로 정신의 힘이다. 신념은 불굴의 노력을 창조한다. 이것이 기적의 열쇠다."

정주영은 정치에도 관심이 많아 1992년 통일국민당을 창당하여 14대 대통령선거에 출마했으나, 3위로 고배를 마셨다. 남북통일을 간절히 희망했던 그는 대북사업에도 앞장섰다. 1998년에 '통일소' 500마리와 함께 판문점을 넘은 사건은 세간의 주목을 받았다. 1998년에는 금강산 관광을 성사시켰으나, 2001년 폐렴으로 인한 급성 호흡부전증으로 사망했다.

존경과 신뢰가 만든 포항제철

철강 산업은 기초소재 산업이기 때문에 한 나라 자립경제 체제의 중요한 기반이다. 그래서 철강 산업의 중요성을 인식한 박정희는 5·16 혁명과 더불어 철강 산업에 대한 강한 의지를 갖게 되었다.

박정희는 이 사업을 대한중석 사장에게 맡기기로 했다. 그때 대한중석 사장은 박태준이었다. 박정희 소장이 부산에서 군수기지 사령관으로 있을 때 박태준은 인사참모였다.

박태준은 부모를 따라 어릴 때 일본으로 건너가 와세다대학을 졸업한 후 1948년 육군사관학교 6기로 입교했다.

거기서 그는 박정희 소령을 처음 만났다. 박정희 소령은 타고난 성격 때문인지 좀처럼 웃지 않았고, 사관학교 내에서 그는 묵묵히 효과적으로 일을 처리하는 능력과 폭넓은 분석능력을 갖추고 있어 생도들로부터 대단한 존경을 받고 있었다. 즉 주도면밀한 태도와 군사전략에 대한 광범위한 지식으로 박 소령은 사관학교 내에서 가장 존경스런 교관으로 인정받고 있었다.

박태준은 사관생도들 중에서 특히 분석적 능력과 수리적 능력이 남달리 뛰어났기 때문에 박정희 교관의 눈에 띄게 되었다. 박정희 교관의 수업을 받던 어느 날 해석기하학과 미분방정식을 잘 이해해야만 풀 수 있는, 탄도의 궤적을 해결하는 문제가 주어졌다. 어느 생도도 선뜻 그 문제를 풀겠다고 나서지 못하고 눈치들만 보고 있었다.

그때 박 교관의 강렬한 시선과 맞부딪친 박태준 생도가 자리에서 일어났다. 그는 칠판 앞으로 다가가 그 누구도 손대지 못한 문제를 정확하게 풀었다. 박정희는 박태준의 수학적인 능력과 분석적인 사고에 감명을 받았지만, 무엇보다 그가 마음에 들었던 것은 진지한 태도와 엄한 자기규율을 가진 생도였다는 점이었다. 박정희는 젊은 제자인 그를 특별한 관심으로 지켜보았다.

박정희와 박태준은 국가관뿐만 아니라 세상을 보는 관점이 같았기 때문에 이들은 선생과 제자로서 깊은 정을 나누었다. 두 사람은 닮은 점이 많았다. 강한 자제력과 뛰어난 지성을 가진 완벽주의자들이었으며, 목표 지향적이고 직선적인 성격을 지니고 있었다. 두 사람 모두 비전과 조국의 미래를 건설하겠다는 목표를 지니고 있는 사람들이었다. 이러한 공통점 때문에 그들은 동일한 목표를 지니고 운명과도 같은 스승과 제자의 관계를 평생토록 간직하였다.

육사를 졸업한 지 10년이 흘러 두 사람은 부산지역에서 함께 복무하게 되면서 다시 만나게 되었다. 한가로운 저녁때가 되면 두 사람은 같이 어울려 술을 마셨고, 세상 소식을 주고받으며 깊은 동료의식을 갖게 되었다. 10년이나 나이 차이가 나고 육사에서는 스승과 제자 사이였지만, 부산에서 그들은 마치 형과 아우처럼 지내며 서로의 속마음을 털어놓는 사이로 발전하게 되었다.

두 사람은 조국의 장래를 위해 무엇을 해야 할 것인지 밤새도록 토론을 했으며, '조국 근대화'에 대해서 강한 책임감을 느꼈다.

박정희는 '조국 근대화'를 앞당기기 위한 초석으로 종합제철소를 건설해야겠다는 일념에 불타고 있었다. 그는 박태준을 청와대로 불러들여 다음과 같이 부탁했다.

"지금부터 내가 하는 말을 잘 듣게나. 이 일을 성공시킬 수 있는 사람은 임자밖에 없네. 임자를 믿고 이 일을 맡길 테니 한번 일생을 걸어보게."

"제 일생을 바친다고 어디 될 일입니까?"

박태준은 종합제철소 건설이 무척 힘들고 어려운 일이라는 것을 잘 알고 있었다.

"힘들고 어려운 일이라는 것은 잘 알겠네만 임자나 내가 함께 가야 할 길이 아닌가? 우리 한번 힘을 합쳐 일해 보세."

박정희는 박태준이 불가능한 이 일을 해낼 수 있는 적임자라는 것을 잘 알고 부탁하였던 것이다.

박정희는 박태준에게 "일본에서 근래에 제철소를 가장 효과적으로 지은 사람이 누구냐?"고 물었다.

"가와사키 제철의 니시야마 사장입니다. 제2차 세계대전 후에 지었고, 제가 만난 적이 있습니다."

"그 양반을 한번 모셔 와서 우리가 지으려는 제철소에 대해서 자문을 받아보게."

박태준은 니시야마 사장을 초청하여 울산, 포항, 인천 등지를 안내했다. 그러자 니시야마는 박 대통령에게 이 말을 전해달라고 했다.

"한국은 아직 국민소득이 낮지만 앞으로 더욱 성장하려면 일관 제철소를 꼭 지어야 한다. 원료가 국내에 없으니까 바닷가라야 한다. 한국 정부는 연산 30만 톤부터 시작하겠다고 하는데 그건 너무 작고 50만 톤, 100만 톤 두 안을 갖고 더 검토해 보시오."

박정희는 이 보고를 받는 자리에서 박태준에게 "앞으로 제철에 대해서 관심을 갖고 공부를 해두라"고 지시했다.

포항종합제철 공업단지 기공식은 1967년 10월 3일 오후 포항시 교외 영일군 대송면에서 있었다. 장기영 부총리는 이 기공식에 가는 도중 자신을 해임하기로 했다는 통보를 받았다.

종합제철 건설의 책임은 후임 박충훈 부총리에게 넘어갔다. 1967년 11월 8일 정부는 경제기획원 장관 자문기관으로서 종합제철사업 추진위원회를 구성했다. 위원장은 박태준 대한중석 사장이었다. 박태준 사장을 사실상 장관급으로 대우하는 기구였다.

박정희는 이때 〈종합제철 건설에 관한 일반지침〉을 관계부처에 시달하였다. 이 지침에서 박정희는 국가의 총력을 기울여야 할 거족적 사업이라고 성격을 규정하고, 정부 차원의 전폭적인 지원으로 조속히 완공할 것을 지시하였다.

1968년 3월 20일에 열린 포항종합제철 창립총회에서 박태준이 사장으로 선임되었다.

박정희는 공기 엄수를 특히 강조했다. 늦은 근대화를 보충하는 방법은 시간을 압축적으로 이용하는 것임을 알고 있었던 박정희는 큰 사업을 조기에 완료하는 데 전력을 다했다.

포철 건설은 부지 조성 작업이 진행 중인데도 차관이 확보되지 않아, 과연 이 사업이 실행될 것인지 불투명한 상태가 계속되었다. 대한 국제제철차관단, 즉 KISA 소속의 외국 회사들이 마련한 차관은 4,300만 달러에 불과하여 소요 외자 1억 900만 달러를 맞출 일이 아득했다.

1968년 7월 김정렴 상공부 장관이 방미할 때 박정희는 세계

은행 총재를 만나서 차관을 얻어오라고 특별지시를 내렸다.

세계은행 총재는 냉담했다. 총재는 이런 요지의 말을 했다.

"세계의 개발도상국들은 정치적인 목적에서 그런지 종합제철소를 모두 갖기를 원하는데, 한국도 60만 톤 규모로는 경제성이 없다. 차관을 줄 수 없다. 다만 한국의 석유화학 프로젝트에는 차관을 주기로 방침을 세웠다."

그러자 김 장관은 이렇게 반문했다.

"우리로서는 석유화학보다 종합제철의 우선순위가 높으니, 석유화학에 줄 돈을 종합제철에 줄 수 없는가?"

김정렴은 자신의 소관인 석유화학 건설까지 양보해 가면서 박정희의 집념을 받들려고 했다.

1968년 11월 박정희는 모래 바람이 부는 포항제철 건설 현장을 처음으로 시찰했다. 헬리콥터가 내렸는데도 바람이 너무 불어 바깥으로 나올 수가 없었다. 박태준이 뛰어가서 바깥에서 문을 열어 모시고 나와 보고를 했다. 보고를 하는 동안 박정희는 침통한 표정이었다.

박태준이 "끝났습니다."라고 하니 박정희는 "응, 그래?" 하면서 아무 말 없이 사무실 바깥으로 나갔다. 모래가 눈에 들어갔는지 눈을 비비면서 허허벌판을 바라보던 박정희가 한마디 했다.

"여보게, 이거 어디 되겠나?"

박태준은 가슴이 철렁했다. '이 양반이 날 보고 모래 속에 파묻혀 죽으라는 말이구나.' 하는 생각이 들었다.

공사는 진행되는데 외자는 확보되지 않아 다급해진 정부는 미국 수출입은행이 책정해 놓은 1969년도 대한차관의 일부를 우선적으로 종합제철 사업 자금으로 사용하도록 해달라고 은행 측에 신청서를 냈다.

그러나 세계은행 조사단은 한국 경제 동향보고서를 통해서 "한국은 종합제철을 건설하기에 앞서 기계공업을 발전시키는 것이 우선순위에 맞다."는 평가를 내놓았다. 이는 한국 측의 차관신청에 대한 사실상의 거부 의사 표시였다.

또한 KISA의 이컨 대표는 서독과 영국 정부도 종합제철 사업에 회의적인 생각을 갖고 있다는 서신을 한국 측에 보내왔다.

종합제철 건설 외자를 구할 길이 막막해져 가는 상황에서 1969년 1월 31일 박태준은 차관 교섭단장인 정문도 경제기획원 운영차관보와 함께 방미길에 올랐다. KISA의 주관 회사격인 미국의 코퍼스 본사는 피츠버그에 있었다. 이곳을 찾은 박태준은 포이 회장으로부터 절망적인 이야기를 들었다.

포이 회장은 "세계은행이 종합제철 사업의 타당성을 부인하는 마당에 차관을 마련하기는 어려울 것 같다"면서 "한국과

KISA가 맺은 기본협정에 따르면 차관 조달은 양측의 공동책임으로 되어 있다"고 못 박았다. 낙담한 박태준은 세계은행과 미국 수출입은행을 방문하려는 계획도 취소한 채 서둘러 귀국길에 올랐다.

좌절감에 빠져 있던 박태준 사장에게 순간적으로 영감이 떠올랐다. 일본이 한국에 주기로 한 대일청구권 자금을 당겨쓰자는 발상이었다. 농림수산 부문에 투자하기로 예정된 청구권 자금이 있었는데, 이것을 종합제철 자금으로 전용할 수 없겠는가 하는 생각이 스쳤다.

일본이 한국에 주기로 한 무상 자금 3억 달러 중 적어도 반은 남아 있을 것이다. 이 돈을 쓰는 방법을 강구해 보자는 생각이 궁지에 몰렸을 때 자신의 경험 속에서 튀어나온 것이다. 박태준은 즉시 여장을 꾸려 일본으로 향했다.

도쿄에 온 박태준은 먼저 일본의 정·재계에 막강한 영향력을 가진 대유학자 야스오카 선생과 야기 노부오 일한 문화협회 이사장을 만나 자신의 방일 취지를 설명하고, 협력해 줄 것을 간곡히 요청하였다.

1964년 한일 국교 정상화 과정에서 여러 차례 만나 박태준의 사람됨을 익히 알고 있던 이들은 박태준의 협력 요청을 쾌히 수락하고, 일차적으로 일본 철강연맹 이사장인 이나야마 야하다 제철 사장을 소개해 주었다.

박태준이 이나야마 사장에게 종합제철 사업에 기술제공을 요청하자 이나야마는 "그것은 고도의 정치성을 띠고 있으므로 나가노 후지제철 사장과 협의해 보시오"라고 했다. 박태준은 나가노 사장으로부터도 기술협력의 가능성을 확인했다.

박태준은 1969년 2월 중순 청와대로 들어가 김학렬 경제수석에게 일본 방문 경위를 설명했다.

박태준은 김 수석의 만류에도 불구하고 박정희에게 "KISA를 통한 차관계획은 사실상 실패로 끝났다. 대안으로서 대일 청구권 자금을 전용하는 길이 있다. 정부가 1억 달러만 지원하면 나머지 공사비는 책임지고 조달하겠다"고 보고했다.

박정희는 "정부도 백방으로 노력하고 있으니 최종 결과가 나온 다음에 결심을 하겠다. 그때까지는 비밀을 엄수하라."고 당부했다. 2월 17일 빈손으로 귀국한 정문도 차관보는 박태준과 함께 박정희를 찾아가 보고했다.

박정희는 마지막 시도를 했다. 정문도로 하여금 차관교섭단을 이끌고 KISA 회원국을 방문하여 설득하고, 박충훈 부총리에게는 4월 17일 파리에서 열리는 IECOK 제3차 총회에 참석하여 차관 조달을 해보라고 지시했다.

박충훈 부총리는 김학렬 경제수석, 상공부의 오원철 기획

실장 등을 데리고 파리로 갔다. 한국에 차관을 제공한 국가들의 협의체인 IECOK의 의장직은 세계은행에서 맡고 있었다. 세계은행은 이미 종합제철의 경제성을 부정하는 보고서를 낸 적이 있었다.

박충훈 부총리가 아무리 박정희의 간곡한 부탁을 전해도 회원국들은 차관 제공을 거절했다. 특히 미국과 서독 측이 완강했다. 박 부총리는 허사로 끝난 총회 뒤에도 본과 워싱턴을 찾아갔으나 성과가 없었다. 4월 29일 미국의 수출입은행 컨스 총재는 박 부총리에게 차관을 줄 수 없다는 최종 방침을 통보했다. 이로써 KISA를 통한 제철소 건설 계획은 수포로 돌아갔다.

박충훈 부총리 일행은 서독과 미국을 방문하고 돌아가는 길에 도쿄에 도착했다. 하네다 공항에는 박태준이 기다리고 있었다. 박정희의 기대와 실망을 잘 아는 사절단의 분위기는 침통했다.

물론 이 시점에서 박태준은 이미 대일 청구권 자금을 전용하려는 계획을 실천에 옮기고 있었고, 박정희에게도 보고한 상태였지만 대통령의 엄명에 의하여 입을 다물고 있었다,

박정희로서도 이제는 대일 청구권 자금을 받아쓰는 것 이외엔 다른 대안이 없어졌다. 1969년 5월 22일 박정희는 청와대에서 박충훈 부총리, 김정렴 상공부 장관, 이한림 건설부 장관,

박태준 포항제철 사장으로부터 건설 진행 상황을 보고받고 방향 전환을 지시했다.

"종합제철소 건설 계획을 외국 기관에게 일임하고 결과만을 기다리는, 자주성 없는 태도를 지양하고 우리 자체의 안을 만들고 입증 자료를 제시하여 외국 투자기관을 설득하라."

박정희는 또 "이미 추진 중인 항만, 도로, 부지 조성공사를 계속해서 강력히 추진할 것, 종합제철이 국제경쟁력을 갖출 때까지 정부 투자를 정부 보조로 전환시킬 것"을 지시했다.

비로소 포항종합제철 계획은 한국의 자주적 힘과 시각으로 추진하게 되었다.

박정희는 포철 건설의 획기적인 방향 전환과 때를 맞춰, 포철 건립에 소극적이었던 박충훈 부총리를 교체했다. 박정희는 김학렬 경제수석을 임명했다. 자존심과 추진력이 강하고 개성이 뚜렷한 보스형의 김 부총리는 자신의 방에 있는 칠판에다가 〈포철, 석유화학〉이라 써놓고 지우지 못하게 했다.

김학렬 부총리는 포철 건설에 참여하면서 독설을 마다하지 않았다.

"너 이놈들아! 선조나 자손 대대로 이와 같이 민족적이고 국가적으로 중차대한 사업을 맡아서 하는 일은 없을 것이다. 이 사업은 어떤 일이 있어도 꼭 성취시켜야 하며, 너희 놈들이 그

책임을 다해야 한다. 만약 다하지 못한다면 살아남을 자격이 없다. 버스 값은 내가 줄 것이니 한강에 가서 투신자살하라!"

박정희의 자주적인 건설안을 만들라는 지시에 따라 경제기획원 내에 종합제철 사업계획서를 새로 만들기 위한 〈종합제철 사업계획 연구위원회〉가 설치되었다. 이 위원회는 열정과 비전이 담긴 치밀한 보고서를 만들었다.

이 보고서 작성자들은 후발 국가의 장점부터 먼저 이야기하고 문제점을 나중에 지적했다. 후발 국가의 문제점을 먼저 지적하는 것이 정상일 텐데 이들은 일단 사안을 긍정한 바탕에서 논리를 폈다. 종합제철을 건설하던 시대정신과 그 주인공들의 적극적 도전정신을 읽을 수 있다.

이 보고서는 연 100만 톤의 조강 생산능력을 갖춘 종합제철 공장을 1972년까지 완공하고, 완공 후 최단시간 내에 이를 200만 톤 규모로 확장한 다음, 최종적으로는 연산 500만 톤 규모의 대단위 제철소로 만든다는 계획을 내놓았다. 한국의 기술인력에 의해 만들어지고 한국의 시각에서 검토된 당당한 자주안이었다.

정부는 이 안을 채택한 다음, 이 계획서를 근거로 삼아 일본을 상대로 입체적인 설득 공작을 전개하였다. 이에 박태준과 정문도 기획원 차관보를 중심으로 한 실무 교섭단이 일본으로 건너갔다.

박태준은 일본의 철강업계와 정계 인사들 설득에 나섰고, 정문도 차관보와 양윤세 투자진흥관은 일본 대장성을 맡았다. 일본 정부 측은 난색을 표명했다.

박태준은 일본 보수 정계 실력자들의 정신적 사부인 야스오카의 소개로 오히라 장관을 여러 번 만나 한국의 특수 사정을 설명했다.

"일본도 청일전쟁 후 군비의 기초를 확립하고자 12만 톤 규모의 야하다 제철소를 건설할 때, 채산성을 문제 삼지 않은 일이 있었지 않은가. 한국도 지금 휴전선이 있는 전쟁상태로서 북한의 군비 확장에 대비하여 자주 국방력 건설이 필요하다. 경우에 따라서는 채산성을 도외시할 수도 있다. 일본은 1인당 국민소득이 50~60달러일 때 제철소를 시작했는데, 한국은 지금 200달러에 육박하므로 못 할 것도 없다."

박태준은 기무라 관방부 장관을 찾아갔다. 기무라는 "외무, 대장, 통산성 등 관계 부처가 이 문제를 검토하고 있으며, 오는 26일부터 열리는 한일 각료회담까지는 우리 정부의 의견이 통일될 것으로 본다."고 말했다.

그는 "사토 수상은 한국 정부의 제안에 긍정적인 생각을 갖고 있으며, 박 대통령에게 그러한 수상의 뜻을 전해주길 바란다. 다만 양국 각료회담 개회 전에는 이러한 뜻이 공개되지 않았으면 한다."고 덧붙였다.

한편 실무교섭단이 도일하기 전, 김학렬 부총리는 한일 각료회담에서 일본 측을 설득할 수 있는 자료로서 일본 철강회사들로부터 협조 약속 각서를 받아줄 것을 요청했었다. 박태준은 야하다, 후지, 일본강관 3사 사장들로부터 〈100만 톤 사업계획을 검토한 결과 타당성이 있다고 생각하나 계속해서 검토할 일〉이란 요지의 각서를 받는 데 성공했다.

일본 정부는 8월 22일 각의를 소집하고, 26일 개막되는 한일 각료회담에서 한국의 종합제철 건설에 협력하기로 의견을 모았다. 이로써 종합제철 사업은 궤도에 오르게 되었다.

박태준이 일본 철강업계를 설득할 수 있었던 것은 그 한 달 전에 만들어진 자주적 건설계획서에 충실한 덕분이었다. 박정희의 지시인 "우리 일을 남에게 맡겨 하지 말고 우리의 입장에서 우리의 시각으로 우리 것을 만들어"라는 말이야말로 큰일을 하는 데 있어서 주체적 태도가 무엇인지를 일깨워 주었다.

마침내 종합제철소 건설의 출발선에 섰다. 포항제철 탄생의 위기인 KISA의 배반 등 온갖 어려움을 극복한 박태준은 겨울바람이 몰아치는 황량한 모래벌판에 사원들을 집합시켜 놓고, 대통령의 의지를 구현하기 위하여 내면에서 우러나오는 연설을 했다.

"우리 조상의 혈세로 짓는 제철소입니다. 실패하면 죄를 짓는 것이니, 목숨 걸고 일해야 합니다. 실패란 있을 수 없습니다. 실패하면 우리 모두 '우향우' 해서 영일만 바다에 빠져 죽어야 합니다. 기필코 제철소를 성공시켜 나라와 조상의 은혜에 보답합시다. 제철보국! 이제부터 이 말은 우리의 확고한 생활신조요, 인생철학이 되어야 합니다."

박태준은 비장했고, 사원들은 뭉클했다. 누가 애쓸 필요도 없이 그 외침은 가슴과 가슴으로 번져나갔다. 여기에서 제철보국은 박정희가 내린 휘호이다.

'조상의 혈세'는 포철 1기 건설에 투입되는 일제식민지 배상금을 의미했고, 이는 민족주의를 자극했다. 바다에 투신하자는 '우향우'는 비장한 애국주의를 고양했다. 이는 제철보국의 자양분으로 민족과 국가를 위한 대역사에 참여한다는 자긍심을 조직에 불어넣었고, 빠르게 '포철 정신'으로 뿌리내렸다.

1973년 6월 9일 이른 아침부터 박태준과 직원들이 긴장된 표정으로 고로(용광로) 아래 출구를 뚫어져라 처다보고 있었다.

불을 지핀 지 어느덧 21시간이 지난 오전 7시 30분, 이윽고 출선구가 열리고 용암처럼 시뻘건 쇳물이 힘차게 흘러나오기 시작했다. 마침내 우리 손으로 만든, 우리나라 최초의 일관 제철소 고로에서 쇳물이 생산되기 시작했다.

1970년 4월 착공 이래 3년 3개월간을 기다려 온 그 순간, 사람들은 너나없이 부둥켜안고 환호성을 질렀다. 풀 한 포기 없는 황무지에서 작업을 시작한 지 5년 만이었고, 박정희가 1966년 방미 때 미국의 제철공장을 둘러본 지 7년 만이었다. 공사비만 1,215억 원, 경부고속도로 건설비용의 3배나 되는 엄청난 금액이었고, 단일 사업으로는 단군 이래 가장 방대한 대역사였다.

이 건설 사업은 그 규모나 물량, 공사금액, 공사기간 등 어느 모로 보나 사상 초유의 대공사였다. 103만 톤이라는 철의 생산능력을 보여주었다.

어느 모로 보나 대건설임을 알게 해주는 제철사업은 초기의 우려에도 불구하고 한국의 철강 역사에 큰 부분을 차지하게 되었다. 이와 같이 포항종합제철은 준공한 지 30년 만에 서울 여의도의 3배에 이르는 270만 평의 거대한 부지에 도로 길이만 80만 km가 넘는 '철의 메카'가 되었다. 이름만 '포스코'로 바뀌었을 뿐이다.

포철 사장 박태준은 1992년 10월 3일 광양제철소 4기 준공식을 마치고 박정희의 묘소를 찾아 참배하였다.

각하!

불초 박태준, 각하의 명을 받은 지 25년 만에 포항제철 건설의 대역사를 성공적으로 완수하고 삼가 각하의 영전에 보고를 드립니다.

"나는 임자를 잘 알아. 이건 아무나 할 수 있는 일이 아니야. 어떤 고통을 당해도 국가와 민족을 위해 자기 한 몸 희생할 수 있는 인물만이 이 일을 할 수 있어. 아무 소리 말고 맡아!"

1967년 9월 어느 날, 영국 출장 도중 각하의 부르심을 받고 달려온 제게 특명을 내리시던 그 카랑카랑한 음성이 지금도 귓전에 생생합니다. 그 말씀 한마디에, 25년이란 긴 세월을 철에 미쳐, 참으로 용케도 건너왔구나 생각하니 솟구치는 감회를 억누를 길이 없습니다.

돌이켜 보면 참으로 형극과도 같은 길이었습니다…….

불민한 탓으로, 각하 계신 곳을 자주 찾지 못한 허물을 용서해 주시기 엎드려 바라오며, 삼가 각하의 명복을 빕니다.

부디 안면하소서!

1992년 10월 3일

불초 태준 올림

박태준은 다음과 같이 회고했다.

"갖가지 악조건 속에서도 우리 포철인들은 오로지 민족자산의 선량한 관리자라는 사명감 하나로 성공 아니면 죽음뿐이라는 다짐과 늘 함께했으며, 착공 후 피나는 고행을 거쳐 마침내 조국과 민족 앞에 당당하게 준공보고를 올리게 되었다."

박태준은 독일 명장 롬멜이 제2차 세계대전 시 사하라 사막의 모래언덕에서 군대를 지휘하던 심정과 같이 롬멜 하우스라는 막사를 지어놓고, 척박한 건설현장에서 피와 눈물을 흘려가며 포항제철 건설을 지휘했다.

포항제철 건설추진위원장 정문보 차관보의 회고담은 다음과 같다.

"오늘날 포철은 한국경제의 개발과 발전의 대표적인 상징이요 금자탑이다. 오늘의 포철 속에 배어 있는 수많은 사람들의 피와 땀의 응어리 속에 몸담을 수 있었던 나로서는 그저 감읍할 뿐이다. 박정희 대통령의 숭고한 집념이야말로 포철 속에 영원히 녹아 있는 핵이다. 현대문명 사회의 골격인 철을 우리의 손으로 생산하고 말겠다는 그의 결심은 빗방울로 바위를 뚫어보겠다는 것이나 같았다."

이렇게 건설된 포항제철의 성공 비결은 무엇보다 박정희의 탁월한 리더십이었다. 그의 숭고한 집념과 함께 이에 부응하려는 관계관들의 마음이 함께 어우러져 가능했다. 박정희는 2명의 부총리를 바꾸어 가면서까지 독려했고, 국내에서의 반대여론 차단은 물론 일본 조야의 협조를 받아내는 일을 인적 네트워크와 강력한 의지로 극복했다.

당시로서는 불가능해 보였던 종합제철소 건설이라는 거대한 일을 해낼 수 있었던 것은 무엇보다 박정희와 박태준의 깊은 신뢰와 존경이 있었기에 가능했다.

박정희의 종이마패

1969년 연말의 어느 날, 박태준은 포항사무소에서 비서실장의 보고를 받았다. "날마다 여기저기서 인사 청탁하고 납품업자를 도와달라는 전화가 오는 바람에 업무가 마비될 정도랍니다." 박태준은 올 것이 왔다고 생각했다. "누가 그런 짓을 해? 그거 이리 내." 비서실장이 내민 것은 청와대 실세인 경호실장 박종규의 메모였다. 박태준은 보지도 않고 쫙쫙 찢어서 쓰레기통에 버렸다. "이 일은 내가 책임질 테니 나가 봐." 이런 가운데 커다란 장애가 나타났다.

조상의 혈세를 한 푼도 더럽히거나 낭비하지 않겠다는 박태준의 의지만으로는 해결할 수 없는 구조적 문제였다. 청구권 자금은 정부간 협정이어서 포철이 직접 사용할 수 없고, 상업차관은 계약 당사자의 합의를 거친 뒤 정부의 승인을 받도록 되어 있었다. 박태준은 판단했다. 출발선을 떠나기 바쁘게 맞닥뜨린 장애를 일거에 뛰어넘지 못하면 정치적 스캔들에 휘말리고, 설비구매 차질로 전체 공기와 비용에 심각한 결과가 따를 것이며, 그것을 말끔히 해치울 존재가 필요했다. 바로 박정희였다.

1970년 2월 박정희가 포철의 공사 진척상황을 보고받고 싶어 한다는 연락을 받고 대통령의 집무실로 갔다. 브리핑을 시작하려 하자 박정희는 비서실장과 수석비서관들에게 나가 있으라고 했다.

"완벽주의자인 임자가 알아서 잘 하고 있을 텐데, 보고는 무슨 보고? 그래, 일은 순조롭게 되어가나?" 박정희는 박태준의 속내를 꿰뚫고 있었다.

"구매절차에 문제가 있습니다."

"어떤 건가?"

박태준은 포철이 부닥친 난관을 설명하고 개선방안을 건의했다. 심각하게 듣던 박정희가 말했다.

"지금 건의한 내용을 여기에 간략히 적어봐."

박정희가 메모지를 내밀자 경제장관회의에서 지시할 자료

로 쓰려나 싶어 건의사항을 간략히 정리했다. '포철이 일본 기술협력회사와 협의하여 공급업체를 선정한다'는 것과 '경우에 따라 사전 시행을 할 수 있도록 하는 간판계약을 했을 때 정부에서 이를 보증해 준다'는 것으로 포철이 구매계약의 주체로 나서고 정부가 구매절차의 간소화에 동의한다는 뜻이다.

박태준은 박정희에게 메모지를 넘겼다. 그런데 놀라운 일이 벌어졌다. 내용을 야무지게 훑어본 박정희가 메모지의 좌측 상단 모서리에 친필 서명을 하여 도로 내밀지 않는가. 당혹스러웠다. 박정희를 오래 모셨지만 처음 본 결재방식이었다.

"내 생각에 임자에겐 이게 필요할 것 같아. 어려울 때마다 나를 만나러 오기 거북할 것 같아서 아예 서명해 주는 거야. 고생이 많을 텐데, 소신대로 밀고 나가게." 박정희는 따뜻한 목소리에 미소까지 지었다.

박태준은 가슴이 찡했다. 몇 달 전 '3선 개헌 지지성명'의 서명에 동참해 달라는 요청을 받고도 거부했는데도, "그 친구 원래 그런 친구야." 하고 받아넘긴 바로 그 사람이 이번엔 대통령 권한의 일부를 자신에게 일임하지 않는가. 박정희의 전폭적 신임과 지지는 박태준이 책임감과 사명감을 더 키우는 영양분이 되었다.

박정희의 친필서명이 든 메모지는 포철 역사에서 '종이마패'

로 불린다. 그러나 박태준은 한 번도 그것을 내민 적이 없었다. 1979년 박정희의 서거 후 고인의 포철에 대한 집념을 회고하면서 공개했을 뿐이다. 그 스승에 그 제자라고 할까?

제철장학재단 설립

1970년 가을 어느 날, 박태준에게 인생에 처음으로 커다란 규모의 공돈이 들어왔다. 보험회사 리베이트 6천만 원. 영일만으로 들어오는 고가 설비에는 규정상 거래하는 양측이 다 보험에 들어야 했는데, 그게 뜻밖에도 그만한 떡고물로 떨어졌다. 박태준이 임원들과 의논한 끝에 대통령에게 통치자금으로 드리는 게 좋겠다고 판단했다.

"나라를 위해 쓰시라고 기부금 좀 가져왔습니다." 박태준은 6천만 원짜리 수표를 박정희에게 바쳤다.

"포철은 절대 정치자금 안 낸다고 한 사람이 왜 이래?" 의아하게 쳐다보는 박정희에게 돈의 성격을 설명했다.

"임자는 앞으로 할 일이 태산이야. 가져가서 필요한 일에 마음대로 써." 박정희가 미소 지으며 탁자 위의 봉투를 도로 내밀었다.

"제가 쓰기엔 너무 많은 돈입니다."

"임자 스케일이 그렇게 작아? 떡을 사먹든 술을 사먹든 맘대로 해. 내 선물이라고 생각해."

봉투를 받은 박태준은 '장학재단의 설립'을 생각했다. 그 순간 박정희는 "여보게, 그러면 다른 국영기업체 사장들도 이런 리베이트를 받아왔다는 거 아닌가?" 박태준은 난감했다. 긍정도 부정도 할 수 없는 난처한 질문이었다.

포항으로 내려온 박태준은 임원회의를 열었다. '공돈 6천만 원을 어떻게 쓸 것인가?'가 주제였다. 그는 미래를 위한 종잣돈으로 그 돈을 쓰자고 했다. 모든 흔쾌히 동의했다. 이렇게 해서 제철장학재단이 설립되었다. 반면 포철장학재단이 속도를 내는 동안 몇몇 국영기업체 사장들이 대통령에게 혼쭐났다는 소문이 돌았다.

제철장학재단은 포철 교육의 모태가 되었다. 유치원, 초등학교, 중학교, 고등학교 등 대한민국 최고의 교육환경과 교육시스템을 구축하였다. 또 아시아 최고의 공과대학으로 평가받는 포항공대를 운영하고 있다. 박정희와 박태준의 독특한 인간관계를 재삼 확인하는 이 장면에서 박정희의 거절 선택의 멋과 박태준의 미래를 위한 선택이 돋보인다.

기업가와 학자가 함께 이룬 전자산업

구인회는 "사업은 기회이고 선점"이란 생각으로 1959년 한국 최초의 전자공업회사인 금성사를 설립했다. 구인회는 금성사 창업에 앞서 "세계 선진 국가들의 전자업계를 내 눈으로 직접 보고 확인하겠다."며 100일에 가까운 유럽 전자업계 시찰도 다녀왔다.

구인회는 의욕적으로 설비를 갖추고 국내 최초의 라디오 모델 개발에 착수했다. 마침내 그해 11월 대망의 국산 라디오 1호 Gold Star가 탄생했다.

동아일보는 '국산 라디오 생산'이란 제목으로 "오래 전부터 논의돼온 라디오의 생산 보급이 금성사의 라디오 국내 제작 성공으로 이루어지게 되었다. 이로써 라디오 국내 제작기술에 전환기를 이룩했으며 우리나라 방송 문화 향상에도 한 걸음 전진을 이룩하게 됐다"고 보도했다.

그러나 구인회는 라디오 국산화라는 큰 업적을 이룩하고도 전자사업으로 인해 거센 시련에 봉착해야 했다. 수요층이 외제 선호의식이 강한데다 밀수품의 기승으로 판매부진이 이어져 타격을 가했기 때문이다. 3년 연속 적자로 이어진 1961년에는 금성사의 존폐론이 수면 위로 떠올랐다. 회사 주변 식당에서조차 외상을 사절할 정도로 금성사는 심각한 곤경에 처했다.

그런데도 "몇 년 해서 안 된다고 문을 내릴 순 없다. 구름 뒤에 숨은 해를 생각해야 한다."며 구인회는 희망을 버리지 않았다. 그런데 마침내 기회가 왔다.

1961년 가을 오후 한 선글라스를 낀 장군이 부산 연지동 금성사 라디오 공장을 찾은 것이다.

"예고 없이 찾아와 미안합니다. 라디오 공장을 좀 보러 왔습니다."

국산 라디오 1호를 설계했던 김해수가 맞이하였다.

'저 양반이 요즘 언론에 자주 오르내리는 박정희 의장이 아닐까?' 하고 생각했다.

두루 안내하고 나자 장군의 질문이 쏟아졌다.

"공장의 기계시설은 어느 나라의 것이냐? 부품의 국산화율 정도는?

설계는 누가 했는가?

하루에 몇 대 생산을 하느냐? 라디오의 보급률은 어느 정도인가?

금성사의 자금력은? 기술적으로 자신이 있느냐?"

이렇게 확인하고는 박정희는 특유의 어투로 물었다.

"이래 가지고 금성사가 살아남을 수 있겠소? 내가 무얼 도와드리면 좋겠소?"

김해수는 회사의 어려운 사정을 호소하면서 "광복동에 즐비한 수입 라디오 가게를 한번 확인해 보십시오."라고 말했다.

박정희는 일어서면서 "김 과장! 좋은 소식이 있을 것이오."라며 자리를 떴다.

다음날 회사는 발칵 뒤집혔다. 구인회 사장은 말할 것도 없고, 최고 권력자의 깜짝 방문에 금성사는 세간의 주목을 받기 시작했다.

일주일 후에는 밀수품 근절에 관한 최고회의 포고령이 발표되었고, 농어촌 라디오 보내기 운동이 전개되었다.

회사의 전화통은 불이 나기 시작했고 생산라인 증설, 여공 모집 등 난리법석이었다.

전국에 30만 대이던 라디오 보급대수는 2년 뒤 100만 대를 넘어섰고, 대부분 금성사 제품이었다. 회사는 벌떡 일어섰고, 우리나라 전자산업의 태동이 시작되었다.

7년 뒤 금성사 동래공장에서 국산TV 수상기 1호를 생산할 무렵, 박정희가 대통령 자격으로 이곳을 찾아 전자산업에 대한 관심을 표명했다. 진공관식 19인치 TV는 인기 폭발이었다. 찍어내기가 무섭게 팔렸다. 방송사 공개추첨으로 구입자를 선정할 정도였으니 인기는 하늘 높은 줄 몰랐다.

박정희가 처음부터 전자산업을 알았던 것은 아니었다.

1966년 미국 뉴욕의 한 전자요업연구소의 책임연구원이었던 김기형 박사는 한국정부의 해외두뇌 유치 케이스로 귀국하게 되었다.

김 박사는 박정희와 한 시간 동안 대화를 나누면서, 전자산업과 세라믹 산업을 육성해야 한다고 강조했다.

"전자산업과 세라믹 산업은 노동집약적인 산업이어서 유휴 노동력이 많은 한국에 유리하다."는 점을 덧붙였다.

그러면서 김 박사는 박정희에게 인조 다이아몬드 목걸이와 저항체 소자(IC) 한 세트를 선물했다.

"이게 뭡니까?"

박정희가 물었다.

"제가 개발한 겁니다. 여기 플라스틱에 붙은 것이 저항체 소자로 하나에 1달러짜리입니다. 주로 전자제품을 만들 때 쓰이지요."

"아니, 그 손톱만 한 게 1달러나 해요?"

박정희는 눈이 둥그레졌다.

박정희도 당시에는 전자라는 것을 몰랐다. 1970년대부터 한국사회에 전자라는 것이 일반화되었다.

박정희는 그것을 포장하여 상공부 장관에게 내려보냈다.

그 포장지 위에는 '요 검토'라는 대통령의 친필이 쓰여 있었다.

이것이 박정희가 전자산업에 대하여 내린 최초의 지시였다. 그리고 박정희는 1967년 1월 대통령 연두교서에서 전자산업을 한국의 중점산업으로 육성하겠다고 발표했다.

이러한 전자산업의 과정에서 정치권과 언론에서는 TV 보급을 사치 풍조를 조장한다고 반대했다. 1966년 당시 대통령의 월급이 7만 8천 원이었는데 19인치 국산 텔레비전 가격이 8만 7천 원이었으니 일리는 있었지만, 박정희만큼 미래를 내다보지 못한 것이었다.

박정희에게 전자산업에 대한 흥미를 불러일으킨 또 한 사람은 한국 전자산업의 대부라 불리는 김완희 박사다.

김 박사는 1967년 9월 4일 박정희의 초청으로 잠시 귀국했다. 당시 그는 미국 컬럼비아 대학의 전자컴퓨터공학과 주임교수였다. 박정희로부터 귀국하여 도와달라는 부탁을 여러 번 받았으나 김 박사는 가족들의 반대로 돌아오지 못한 대신, 방학 때마다 귀국하여 전자산업에 대한 박정희의 개인교수 역할을 했다.

김완희 박사는 국내 업계를 돌아보고 9월 16일 '전자공업 진흥을 위한 건의서'를 박정희에게 브리핑했다. 두 사람은 박정희의 집무실에서 트랜지스터 회로를 놓고 토론했다. 당시 트랜지스터는 미국 모토롤라사가 만든 것이었다. 박정희는 그동안 전자산업에 대하여 나름대로 학습을 해서 전문가와 토론할 정도가 되었다.

"김 박사! 우리도 이런 걸 만들어 팔아야 하지 않겠소? 섬유는 창고에 가득 쌓아봐야 10만 달러도 받기 어려운데 이건 30만 달러, 50만 달러나 하니까 말이야."

이렇게 박정희는 공부를 하면서 해외에서 활동하고 있는 석학들을 초청하여 조국을 위하여 헌신해 줄 것을 부탁했다. 그야말로 삼고초려였다.

1968년 3월 7일 김 박사와 함께 방한한 미국인 전자산업 전문가 일행은 9일 동안 국내 전자공업의 실상을 확인하며, 상공부 등 관계기관 및 업체와 의견교환을 했다. 김 박사는 3월 13일, 이들과 함께 청와대를 예방하고 박정희에게 소개했다.

그는 미국에 친 한국적인 인사가 많아야 한미 관계가 돈독해지고 미국의 지원을 이끌어 내어 한국의 공업이 안정될 수 있다고 믿었다.

그로부터 약 2주일 뒤인 4월 18일, 박정희와 존슨 미 대통령 간의 정상회담이 하와이 호놀룰루에서 열렸다. 김 박사는 찾아뵙지 못해 죄송하다는 편지를 보내는 것으로 인사를 대신했다.

5월 초순 박정희는 김 박사에게 친서를 보냈다. 두 장의 용지에 박정희는 다음과 같이 편지를 썼다.

> 친애하는 김 박사에게!
>
> 귀한 서신 감사합니다. 하와이 방문은 많은 재미 교포들의 따뜻한 환영을 받아서 깊은 감명을 받았습니다. 북미 본토에 계시는 교포들도 똑같이 환영해 주시는 뜻을 잊지 않겠습니다. 덕택으로 여행을 무사히 마치고 4월 20일 귀국했습니다. 7월경에 귀국하신다니 또다시 상봉의 기회를 고대하면서…….
>
> 귀 가정에 만복이 깃들기를 기원합니다.
>
> 4월 27일 박정희

"박 대통령으로부터 처음 받은 친서였어요. 봉투가 너무 초라해서 대통령이 보내온 서신인지 의심이 갈 정도였지만, 내용엔 정감이 깊이 묻어 있더군요."

김완희 박사는 그해 7월 8일 귀국, 워커힐 숙소에서 머물다 7월 15일, 대통령 비서실로부터 들어오라는 연락을 받았다.

약 두 시간 동안 박정희는 김 박사에게 마틴 루터 킹 목사

암살사건 이후 미국의 움직임에 관해 상세하게 물어보는 등 다른 이야기를 나누었다. 그러고는 "저녁에 김 박사 환영회를 하려 하니 그때 우리 한잔 합시다."라며 봉투 하나를 김 박사에게 주면서 이렇게 말했다.

"김 박사, 오랜만에 가족과 같이 왔는데 아이들에게 선물이나 사주시오." 봉투 안에는 100만 원과 메모가 들어 있었다.

이날 저녁 김 박사는 다시 청와대로 들어갔다. 박정희는 불도 켜지 않은 컴컴한 집무실에서 혼자 책을 읽고 있었다. 김 박사는 박정희에게 과기처와 KIST 등의 중요성과 과학기술적 이해와 안목 없이는 전자공업을 제대로 육성할 수 없다는 점을 설명했다.

박정희의 환대 속에 청와대를 방문했던 김 박사는 그때까지 박 대통령의 협조 요청에 결심을 굳히지 못했다. 김 박사의 결심이 선 것은 그날 회식이 끝난 뒤였다.

"그날 자리를 파하고 일어나 청와대를 떠나려는데, 박 대통령이 현관까지 배웅하러 나오셨어요. 우리들이 차에 탈 동안 밤하늘을 올려다보면서 심호흡을 하시더군요. 그리고 차가 떠날 때까지 그 자리에 그대로 서 계셨습니다. 어둠 속에 홀로 서 있는 박 대통령이 너무나 외로워 보였습니다. 말끝마다 가난한 한국을 부강하게 만들어야 한다고 강조하는 박 대통령을 도와 드려야겠다고 그때 차중에서 결심했던 겁니다."

이렇게 해서 김완희 박사는 귀국하여 조국에 봉사하게 되었다. 박정희는 그에게 '상공, 체신, 과기처 장관 특별 고문'이라는 묘한 명함을 만들어 주었다. 이런 과정을 거쳐 구미에 최초의 전자 수출 공단이 들어섰고, 전자산업이 궤도에 오르기 시작했다.

전자산업에서 꽃이라 할 수 있는 반도체산업을 최초로 시작한 기업은 아남이다. 아남산업의 창업주인 김향수의 집념이 있었기에 가능했다.

1966년 반도체산업을 처음 시작하려고 은행 문을 두드렸으나, 반도체의 부피가 작다고 사업으로 인정해 주지 않았다. 어렵게 대출받아 기자재를 수입했더니, 이번에는 반도체 칩을 연결하는 금줄이 있는데 금을 밀수하는 줄 알고 세관에서 브레이크를 걸었다.

저항체 소자인 IC조차 모르고 있었으니 반도체에 대해서는 깜깜했다.

그러나 박정희는 점차 반도체에 대하여 관심을 갖기 시작했다.

이렇게 시작된 반도체는 트랜지스터, 다이오드, FET, 리니어, 로직 메모리, 마이크로프로세서 등으로 발전했다.

특히 수요가 많고 가격경쟁력이 있는 메모리 분야는 삼성전자와 SK하이닉스가 주력으로 하고 있고, 특히 삼성전자의 경우 오늘날 세계 1위를 달리고 있다.

금성사 라디오로 시작된 한국의 전자산업은 이후 TV, 냉장고, 세탁기, 전자레인지, 에어컨 등으로 확장되었고 반도체, LCD와 휴대폰으로까지 성장 궤도를 그렸다. 오늘날 대한민국이 휴대폰을 비롯한 IT 분야에서 세계 일류 국가가 된 것은 박정희 시절부터 시작된 전자산업 때문이었다.

연구원과 기업의 헌신이 이룬 방위산업

1971년 11월 11일 국방과학연구소로 밀명이 떨어졌다. "총포·탄약 등 재래식 경무기와 주요 군수장비를 앞으로 4개월 내에 국산화하라"는 지시였다. 이 명령은 '번개 사업'이라는 이름 아래 곧바로 실행에 옮겨졌다.

금속, 기계, 전기, 전자, 화공 등 무기 생산의 기초가 되는 산업 기반과 기술축적이 전무하다시피 한 상황에서 누가 보아도 터무니없다고 할 수밖에 없는 계획이었다. 국산 기관총이나 박격포는 땅에서 솟아나는 것이 아니었다.

이 같은 무리한 작전이 감행된 데는 1·21 사태, 울진·삼척 지구 무장공비 침투 등 북한의 도발과 이 해 3월의 2만 명의 주한미군 철수가 빚어낸 안보위기 의식이 결정적으로 작용했다. 번개 사업에는 당시 국내 과학계의 핵심 소장들로 손꼽히던 10여 명의 부문별 책임자도 동원되었다. 우선 소총, 수류탄, 지뢰 등을 11개 부문으로 나누어 연구에 들어갔다. 11개 부문에 책정된 총 예산은 겨우 970만 원이었다.

"총알이 안 나가도 좋으니 일단 만들어 보라"는 엄명 아래에서였다. 연구 작업의 야전 지휘관은 물론 자타가 공인한 "오원철 수석"이었다.

대통령의 신임은 바로 엘리트 관료들을 움직이는 동력이었다. 당시 연구 작업에 참여했던 과학자들은 지금도 한결같이 "그때처럼 열심히 일해 본 적이 없다. 한마디로 다들 미쳤었다."고 자부하고 있다.

무엇이 이들을 이토록 움직이게 했을까?

최고 지도자에 대한 충성의 발로였을까?

그해 연말의 성탄절은 물론 신·구정 때도 집에 들르지 못했고, 연구실의 전등은 24시간 밝혀져 있었다. 사업 하나하나가 가시밭길이었다.

당시 미국이 해외 군사원조 정책을 "우리 것 사다 써라. 공짜는 이제 안 된다."(Buy American)는 방침으로 전환한 시점이었고, 기술제공 인색 등 미국 측의 견제가 심했다.

이런 속에서도 1972년 4월의 시사회를 계기로 무기의 국산화 작업은 본궤도에 오르기 시작했다. 당시 선보인 무기는 초라했다. 소형병기인 카빈 소총, 수류탄, 대전차 로켓포, 81밀리 박격포가 전부였다. 그러나 한 술에 배부를 수는 없었다. 박정희의 소회는 남달랐고 감격스러웠다. 병기를 하나하나 살펴보고 자식같이 쓰다듬었다.

불과 14개월 후 1973년 6월 또다시 시험발사회가 있었다. 병기는 다시 업그레이드되었고, 그날의 백미는 105밀리 곡사포였다. 3문의 포로 화력시험을 했다. 기대 이상으로 훌륭했다. 목표에 명중할 때마다 망원경을 든 박정희의 얼굴에는 화색이 만연했다.

당시 병기개발의 기본 방향은 전쟁 초기에 대비한 비축 탄약 생산·공급, 고성능 병기, 장비 장기적 연구 개발, 미제 최신형 무기 모방 생산이었다.

국가적 위기감에서 비롯된 박정희의 야심찬 구상이 미국 유학을 거친 이들을 주축으로 한 젊은 과학자들의 정열과 맞물려 밤낮 없는 연구개발 작업으로 이어졌다.

1972년 말까지 4백 명의 방산 기능공을 양성하고 1975년까지는 모두 1,460명을 확보한다는 계획과 함께 5·16 장학금과 각종 수당을 이들에게 제공했다.

총 예산은 방위산업에 20억 원, 기계공업 육성에 10억 원이 잡혀 있었다. 설렁탕 한 그릇 가격이 1백 원일 때로 수류탄, 소총에서 시작된 자주국방 계획은 해를 거듭하면서 미사일, 핵무기 개발 의욕으로까지 이어졌다. 이에 비례해 박정희와 미국 간의 신경전도 약소국과 강대국 간의 통상적인 갈등관계를 벗어나 점차 심각한 지경으로 치달았다.

이런 가운데 1977년 박정희는 창원 기계공단의 방위산업체와 기계공장들을 시찰하고 한국이 현대 공업국가로 탈바꿈하는 모습에 여간 흡족해하지 않았다.

"오늘 저녁은 내가 한턱 내지."

청와대 수석 비서관들은 매우 기본이 좋아진 대통령에게 푸짐한 저녁을 얻어먹었다.

그날 술을 한잔 걸친 대통령 박정희는 중화학공업과 방위산업을 담당한 경제 제2수석 오원철을 가리켜 이렇게 말했다.

"아무리 봐도 오 수석은 국보야, 국보."

대통령의 공개적인 찬사에 얼굴이 붉어진 오원철이 감격했음은 물론이다.

박정희는 서거하기 전인 1979년 10월 1일 국군의 날 일기에, 표현을 자제하는 그의 평소 모습과는 달리 한없는 자랑스러움과 안도감을 내비쳤다.

"국군의 날, 건군 30주년을 맞이하게 된다. 오전 10시 여의도 5·16 광장에서 국군의 날 행사가 거행되었다⋯⋯. 오늘의 행사에 동원된 장비 중 70~80% 이상이 우리 국산장비라는 것을 확인할 수 있었다⋯⋯. 우리 역사상 이처럼 막강한 국군을 가져본 것은 처음이리라. 장병들이시어, 더욱 분발하여 조국을 빛내도록 하자. 국군 장병들에게 신의 가호가 있으리라."

이렇게 해서 오늘날 해외로 탱크, 항공기를 수출하는 대한민국의 방위산업 터전이 마련되었다. 이 모든 것들의 출발점이 박정희임은 물론이다.

탱크개발 도전에 성공

박정희는 1975년에 탱크의 국산화 작업을 시도했다. 임무는 정주영에게 떨어졌다.

"탱크를 만드시오. 일단 미제 전차 성능을 우리 식으로 바꾸고 끌어올리는 개조사업으로 시작합시다."

정주영은 느닷없이 탱크를 만들라는 대통령의 지시에 어리

벙벙했다. 며칠 뒤 오원철 수석을 찾아갔다.

"대통령 명령이니 하긴 해야 하겠지만……." 정주영은 탐색 반, 걱정 반 표정을 지었다.

"창원에 공장만 지으시면 됩니다." 오원철이 걱정 말라는 듯이 답했다.

"짓는다고 해도 개조사업이 끝나면 뒤에 일감이 있어야 되는 것 아니오?" 무엇인가 대책을 세워달라는 표정이었다.

"신형전차를 만들면 됩니다. 그리고 각하께서 탱크 사업하는 회사에 철도기관차 사업도 맡기시겠답니다." 준비한 보너스도 설명했다.

"아, 그렇구먼. 잘만 하면 수출도 될 것 같소. 내가 한 번 만들어 보리다." 정주영은 날아갈 듯 돌아갔다.

이렇게 해서 1976년 창원에 탱크와 기관차 공장이 들어섰다. 현대차량으로 후에 현대정공으로 바뀌었다. 지금은 KTX 고속열차까지 만드는 회사가 되었다.

탱크개조 사업과 신형전차 설계 작업이 본격적으로 시작되었고 이는 세계에서 가장 훌륭하다는 미국의 '에이브람스'나 탱크 원조의 나라 프랑스의 '르클레르', 독일의 '레오파드' 등과 견주어도 전혀 손색이 없는, 오늘날 국산 전차 '흑표'가 만들어지는 계기가 되었다.

"미국인 탱크 기술자 납치작전"이 벌어진 것이 바로 이맘때였다.

그때 우리 군은 미제 M47, M48 탱크를 갖고 있었다. 크라이슬러사 제품으로 장착된 포는 90mm에 불과했다. 이걸 개조해 105mm 포를 장착, 성능을 대폭 향상시킨다는 계획이 세워졌다. 105mm 포를 달자면 포탑을 개조해야 하고, 동체를 뜯어 엔진을 바꿔 넣어야 했다. 당시 우리 기술로는 어림없었다. 국방연구소에서는 궁리 끝에 미국의 기술자 한 사람을 돈이 얼마가 들든 납치라도 해서 데려오자는 데 의견이 모아졌다.

수소문 끝에 '브리닌 스툴'이라는 이름의 미국인 퇴역 기술자가 대상으로 떠올랐다. 탱크용 엔진 제조업체에서 기술자로 일하다 은퇴한 사람이었다. 극비리에 우리 요원들이 미국에 입국하여 스툴 씨를 설득했다.

스툴은 호텔 특실에 정중히 모셔졌고, 엔진 설계도를 가지고 입국했던 스툴은 작업에 앞서 "설계도면은 한국인에게 절대로 보여줄 수 없다"고 공언했다. 아쉬운 건 우리 쪽이라 응낙할 수밖에 없었다. 그러자 이번에는 3중 금고 한 개와 열쇠를 요구했다.

작업할 때 자기만 도면을 보고는 일과 후에 그 안에 보관해 두겠다는 뜻이었다. 그 요구도 받아들여졌다.

엄격한 보안 조치를 하겠다는 뜻이었다. 하지만 우리 역시 자주 국방이라는 지상 과제 앞에서 두 눈이 벌게져 있을 때였다. 3중 금고는 소용이 없었다. 작업을 시작한 지 며칠 안 되어 도면 사본은 우리 기술진의 손에 입수되었다.

탱크의 포탑은 미국 기술을 도입해 내부의 포 조작 장치를 개조함으로써 105mm 포를 달 수 있었다. 이 기술도 곧 국산화되었다. 방탄 주물로 된 동체 부분의 일부를 잘라낸 뒤 신형 엔진을 끼워 넣고 특수 용접으로 원형을 되살렸다. 탱크에 포를 쏴 시험한 결과 방탄 기능에 이상이 없었다. 탱크 국산화의 길이 드디어 열렸다.

미사일과 핵무기 개발

1978년 9월 26일, 서해안의 한 바닷가에서 '백곰'이라고 이름 지어진 국산 미사일의 발사 시험이 있었다. 대성공이었다. 세계 7번째의 미사일 보유국이 된 날이었다. 미국은 이 실험 성공을 핵무기 개발의 한 단계로 간주하고 바짝 긴장했다.

박정희는 본격적인 핵 자립 계획을 착착 실행에 옮기고 있었다. 미사일 제조는 다른 무기와는 비교가 되지 않을 정도로 고도의 기술이 필요했다. 연구진은 미국, 영국, 프랑스를 마치 곡예하듯 오가며 추진체와 미사일 본체 제조 기술을 얻어냈다. 미국이 기술 이전을 거절한 추진체 제조방법은 프랑스에서 값 싸게 배워왔다. 영국의 회사로부터 관성 유도장치 제작기술을 습득했다.

"우리는 우리를 책임져 주는 미국과 같은 상전을 받아들일 수 없다. 프랑스 방위는 프랑스의 수중에 있어야 한다. 프랑스인 자신의 결정에 따른 것이 아닌 어떤 전쟁, 혹은 어떤 전투도 우리는 받아들일 수 없다. 군사력의 기본이 핵무장이라는 것은 말할 필요도 없다. 우리가 그것을 제조하든, 혹은 돈으로 구입하든 간에 그것은 우리 지배 아래 있어야 한다. 우리는 핵무장을 단행할 수 있는 용기와 의지를 가져야 한다."

프랑스의 드골이 자기 나라 국민들에게 절규하다시피 외친 이 연설은 박정희에게 깊은 감명을 주었다.

"빵보다 핵"을 외치던 프랑스는 1960년 2월 사하라 사막에서 핵무기 실험에 성공하였고, 이때 드골은 "위대한 프랑스 만세!"를 부르짖었다. 1974년 5월 인도의 핵실험 성공에 자극받은 파키스탄의 경우 당시 부토 대통령이 "풀을 먹고 살더라도 핵폭탄을 만들겠다."고 다짐했을 정도로 핵무기 개발 문제는 각국

지도자들의 관심사였다.

박정희는 1970년대 내내 핵무기를 보유하고자 노력했다. 미국이 한미 상호방위조약에 따라 필요한 시기에 한국 내 필요한 지역에 마음대로 반입·반출하던 핵무기, 즉 핵우산의 그늘에서 벗어나 버젓한 '국산품 핵폭탄'을 갖고 싶어 했다. 그러나 그 열망은 좌절되었다.

"우리같이 작은 나라는 고슴도치가 되어야 한다. 온몸을 비늘로 둘러싸서 사자나 코끼리 같은 큰 동물들이 작다고 깔보고 함부로 짓밟지 못하게 만들어야 한다."는 자신의 지론에 따라 방위산업에 박차를 가하던 박정희는 해가 갈수록 죄어드는 미국의 압력에 거듭 좌절해야 했다. 사방을 살피며 핵보유국으로의 진흙길을 끈기 있게 낮은 포복 하던 생애의 후반도 결국 10·26으로 마침표가 찍혔다.

1974년 하반기부터 우리 핵개발에 대한 미국의 압력이 본격화되었다.

당시 핵개발은 박정희가 수시로 챙겼고, 그의 추진력 덕분에 그같이 엄청나고 장기적인 프로젝트가 만들어질 수 있었다. 그러나 박정희의 죽음과 함께 우리나라의 독자적인 핵개발은 사실상 끝났다.

의사소통으로 공감대를 형성하라

리더는 커뮤니케이션Communication 능력을 갖추어야 한다. 리더가 자신이 무엇을 의도하는지를 구성원들에게 명확하게 전달하고, 구성원들의 사기를 진작시키고 결집시켜야 하기 때문이다. 그러한 면에서 박정희는 위대한 커뮤니케이터였다. 그는 지도자가 해야 하는 가장 중요한 일은 설득이며, 설득은 쉽고 구체적이고 정확하게 해야 한다는 원리를 터득했다.

먼저 그의 말은 간단명료하였으며 누구나 알기 쉽게 했다. 또한 그는 남을 이해시키고 감동시키는 데 편지, 메모, 시 등 글을 적절히 활용할 줄 알았다. 나아가 술잔을 기울이며 가슴과 가슴을 열고 마음과 지혜를 모을 줄도 알았다.

그의 말은 지금 읽어보아도 "어떻게 이처럼 쉽고도 정확하게 말할 수 있을까?" 하는 감탄을 자아낸다. 1973년 연두순시 때 새마을 운동에 관해 박정희가 다음과 같이 설명한 것을 보면 매우 깔끔하여 어디 하나 흠잡을 곳이 없다. 받아 적으면 그대로 글이 되는 것이다.

"새마을 운동은 한마디로 주민의 소득증대를 그 궁극 목표로 하고 있는 잘살기 운동이다. 예컨대 농로확장을 하더라도 단순히 보기 좋으라고 할 것이 아니라 리어카, 삼륜차나 트럭, 경운기, 트랙터 등 현대적 영농기계가 들어올 수 있도록 하여 생산을 증대하고 소득을 증대시키기 위한 것이 되어야 한다…….

　새마을 사업은 경제성과 효율성을 면밀하게 검토한 이후 그 계획을 세워야 한다. 통조림 공장을 건설하자면 깡통을 만드는 기계시설 등을 위해서 막대한 돈을 들여야 하는데, 이러한 공장을 한두 달 돌리고 문을 닫아버린다면 채산이 맞을 리가 없다…….

　새마을 사업은 꾸준히 일관성 있게 밀고 나가, 우선 빨리 할 수 있는 일을 매듭으로 지어놓고 다음 사업을 새로 시작하도록 해야 되겠다. 해보았다가 잘 안 된다고 집어치우고, 딴 사업을 벌이고 또 그것이 잘 안 되니까 다시 바꾸어 추진한다면 성공할 것이 별로 없게 된다. 새마을 사업은 그 사후 관리를 철저히 해야 한다."

　또한 그가 자주 애용한 서신, 메모는 받는 이로 하여금 때로는 격려를, 때로는 긴장을 유발시켜 탁월한 리더십을 발휘하는 데 사용되었다.

　1978년 2월 2일, 박정희는 버스 안내양들에게 방한복을 제작하여 준 회사 사장에게 감사 편지를 보냈다. 당시 버스 안내양들의 방한 코트 제작을 의뢰받은 사장은 방한 바지를 함께 제작하여 무료로 제공했다. 이에 박정희가 편지를 보낸 것이다.

이 편지에서 박정희는 버스 안내양들을 "어린 나이에 가정 형편이 불행하여 상급학교에 진학도 못하고 직업전선에 나와서 고된 일을 하면서 국민들에게 봉사하고 있는 이들 소녀"라고 표현했다.

박정희는 버스 안내양들의 입장을 가슴 깊이 사무치게 대변했음은 물론이고 안내양들을 친딸처럼 여기는 마음을 담아 많은 사람들을 감동케 했다.

1965년 1월 21일 박정희가 내각에 내린 다음과 같은 지시는 간단한 메모이지만 관료들을 크게 긴장시켜 업무에 전념토록 하였다.

제목 : 지시사항에 대한 미처리

1. 회기, 연구, 검토, 협조중 등을 핑계로 수많은 정책이 공전되고 있음은 심히 유감스러운 일이라 아니할 수 없습니다.

2. 심지어 대통령 지시사항이나 국무회의 결정사항마저 도 집행이 되고 있지 않은 사례가 많음은 더욱 유감스 러운 일이라 하겠습니다.

3. 지연되고 있는 미결사항을 1월 중에 모두 처리하고 그

   결과를 보고해 주기 바랍니다.

또한 박정희는 남다른 시심으로 자신의 내면 감정을 솔직히 표현했다. 1952년 7월 잠든 아내의 모습을 바라보며 사나이의 마음을 고백하여 그가 완성한 서정시는 아내 육영수를 감동케 했다.

밤은 깊어만 갈수록 고요해지는군.

대리석과도 같이 하얀 피부

복욱한 백합과도 같이 향훈을 뿜는 듯한 그 얼굴

숨소리 가늘게, 멀리 행복의 꿈나라를 거니는

사랑하는 나의 아내,

잠든 얼굴 더욱 예쁘고 평화의 상징! 사랑의 권화!

아! 그대의 그 눈, 그 귀, 그 코, 그 입,

그대는 인仁과 자慈와 선善의

세 가닥 실로써 엮은 한 폭의 위대한 예술일진저…….

행복에 도취한 이 한밤 이 찰나가

무한한 그대의 인력으로써 인생 코스가 되어주오…….

                    - 영수의 잠자는 모습을 보고

이처럼 그는 자기 아내마저 시심으로 감동시키는 사나이였다. 혁명을 하였다는 군인의 이미지와는 전혀 다른 자신만의 표현력으로 상대를 설득하는 감성의 지도자였다.

박정희는 또한 술을 좋아했다. 술을 통하여 참모들과 스킨십을 하면서 비전을 공유하고 인간적인 교감을 나누었다. 즉 술이 의사소통의 촉매 역할을 했다.

무엇보다 막걸리는 밀짚모자를 쓰고 농민들과 일하는 모습과 함께 그의 상징적인 이미지였다. 그는 경기고양 막걸리를 좋아했다.

박정희는 남로당 숙군 과정의 모진 세월도 술로써 견뎌냈다. 박정희의 친인척이자 혁명과 정치 동지인 김종필도 훌륭한 술친구로 술과 함께 혁명을 논했다. 자주 어울렸던 소설가 이병주에게 "이 주필, 나라가 이래 가지고 되겠어?" "부정선거를 하느니 차라리 선거를 하지 말지."라며 술의 힘을 빌려 속내를 드러내기도 했다. 1960년대의 대표적인 지식인이었던 구상과는 외로울 때마다 막걸리를 함께했다. 구상은 책을 손에서 놓지 않고, 말이 통하면 마음을 열고 세상과 국가를 논하는 진지한 친구 박정희를 존경했다. 그는 박정희에 대한 어떠한 기록도 남기지 않았지만 "박정희를 품을 만한 그릇이 대한민국에는 없어.

허허!"라며 속마음을 내비치곤 했다.

박정희는 오후 5시쯤 되면 보좌관들에게 전화를 했다. '보좌관들 다 있어? 식사나 같이 해.' 간단명료했다. 그러면 보좌관들은 6시에 식당으로 올라갔다. 막걸리가 너무 지겹게 나와 오늘도 또 막걸린가 하고, 어느 보좌관은 조금 먼저 가 식당에 목을 내밀어 살피곤 했다. 그때 막걸리 통이 있으면 아주 질색을 했다……. 그러다 가뭄에 콩 나듯 다른 술이 나오면 보좌관의 얼굴이 환해졌다.

박정희는 술자리에 앉으면 먼저 앞에 놓인 젓가락, 술잔, 재떨이를 반듯하고 가지런하게 다시 놓았다. 이렇게 주변을 깔끔하게 정리하는 게 버릇처럼 되어 있었다. 그렇지만 술자리에서는 참석한 사람들을 아주 편안하게 해주었다. 김치를 손으로 집어 먹었고, 닭고기는 손으로 잡고 먹음직스럽게 뜯어 먹어 술자리를 부드럽게 했다.

박정희는 가끔 막걸리에 맥주를 타서 마시기도 했고, 막걸리에 사이다를 타서 마시기도 했다. 술에 취해서 기분이 좋으면 흘러간 옛 노래인 '짝사랑'이나 '황성옛터'를 불렀다.

박정희의 주량은 육영수 여사가 흉탄에 쓰러진 1974년 이후부터는 급격히 떨어졌다. 박정희는 생을 마감하는 자리에서도 술과 함께했다. 1979년 10월 26일 박정희의 마지막 궁정동 술자리에서 그가 마셨던 술은 평소 좋아했던 막걸리와 함께 가끔 마셨던 시바스 리갈이었다.

솔선수범하여 지도자상을 확립하라

박정희는 매사 솔선수범했다. 전기·물 절약에서부터 죽는 날까지 착용했던 평범한 세이코 시계, 도금이 벗겨진 넥타이핀, 해어진 혁대는 가난한 나라를 부강한 나라로 만들겠다고 몸부림치며 몸소 실천했던 그의 솔선수범을 말해 준다.

박정희가 청와대에서 실천한 근검절약은 너무 심할 정도였다. 여름에 냉방기를 켜지 못하게 하고 자신은 집무실 문을 열어놓고 선풍기와 부채로써 더위를 견디어 냈다. 겨울에도 난방기 트는 데 인색하여 직원들은 속옷을 두껍게 입고 더운 물을 자주 마시면서 한기와 싸워야 했다. 박정희는 집무실 화장실 변기 속에 벽돌 한 장을 넣어두었다. 그만큼 물을 절약하기 위해서였다.

10·26 사건 뒤 청와대를 정리하던 직원들이 박정희 침실의 변기 물통에서도 벽돌을 발견하고는 눈물을 흘렸다.

박정희는 전력을 아낀다고 집무실에서 책상 위 전등만 켜 놓고 일을 보았다. 어둑어둑한 저녁때 누가 들어서면 사람을 제대로 알아보지 못하고 '누구야?'라고 기웃거렸다.

박정희는 입던 양복과 신던 구두 그리고 넥타이도 측근에게 나누어 주었다. 육 여사도 입던 한복을 줄여 근혜에게 넘겨주었다. 박정희는 구두의 뒤창뿐 아니라 앞창에도 고무판을 덧붙여 신었다. 박정희는 사범학교 학생, 교사를 거쳐 군인 생활을 오래 했기 때문에 정리·정돈의 습관이 체질화되어 있었다. 허리띠의 버클은 늘 중심에 와 있었다.

박정희는 늘 정리하고 계획하며 대비하는 사람이었다. 박영수 전 비서실장이 민정비서관으로 일할 때였다. 박정희는 동남아 순방에 나서기 하루 전, 갑자기 박 비서관을 불렀다.

박정희는 '내가 깜박 잊고 갈 뻔했다.'면서 활동비를 건네주었다. 그는 출국을 하루 앞두고도 사소한 것까지 챙겼다.

박정희가 밤나무 등 유실수 심기를 독려하고 있을 때였다. 박정희는 청와대 뜰에 밤나무를 심도록 했다. 물과 비료를 어떻게 주라는 식으로 자세한 지침서를 써, 총무비서실에 내려보냈다. 밤이 1년쯤 일찍 열리자 다섯 개의 밤알을 김현옥 내무장관에게 내려보내면서, 메모지에다 그동안 가꾼 요령을 적어 보냈다. 김 장관은 이 밤알을 알코올 병에 넣어놓고 그 옆에 대통령의 메모를 표구해 걸어두고는 관계 공무원들이 오면 베껴 가라고 했다. 그 대통령에 그 장관이라 할까? 김 장관은 내무장관을 역임한 후 더 이상의 정치적 야망을 버리고 낙향하여 시골의 작은 중학교 교장 선생님이 되어 세간에 잔잔한 반향을 불러일으켰다.

박정희는 이렇게 나무 심는 일까지 솔선수범했다.

1979년 10월 26일 저녁, 경복궁 앞 국군병원에서 응급처치를 하던 군의관이 "도저히 안 되겠습니다."라고 하자 선임군의관이 곁에 있던 두 감시자에게 "돌아가셨습니다."라고 이야기하였다.

"이 사람이 누구십니까?"

군의관의 물음에 두 감시자는 대답이 없었다. 군의관은 합수부에서 조사를 받을 때 "얼굴을 보고도 왜 각하인 줄 몰랐는가?"란 질문에 대해 이렇게 답했다.

"병원에 들어왔을 때는 얼굴에 피가 묻어 있었고, 응급처치 중에도 감시자들이 자꾸 수건으로 얼굴을 덮었습니다. 그리고 시계가 평범한 세이코였고, 넥타이핀의 도금이 벗겨져 있었으며, 혁대도 해져 있었습니다. 머리에 흰 머리카락이 약간 있어

50여 세로 보았습니다. 이런 여러 가지 사실로 미루어 각하라고
는 상상도 할 수가 없었습니다."

이처럼 한 나라의 대통령이었던 박정희는 죽을 때 '평범한
세이코, 도금이 벗겨진 넥타이핀, 해진 혁대'를 차고 있었다.

《나쁜 사마리아인》의 저자 장하준은 "왜 그 시바스 리갈이
라는 술 있잖아요? 박정희가 암살당할 때 마셨다고 해서 유명
해진. 전 그 술이 엄청나게 좋은 술인 줄 알았어요. 그런데 영국
에 가 보니까 가장 싼 술이었습니다. 도대체 세계 어느 나라에서
종신 독재자가 시바스 리갈을 마십니까? 박정희는 자신부터 솔
선수범해 가며 부유층들이 외제와 사치품을 못 쓰도록 한 겁니
다."라고 말해 그의 솔선수범을 대변했다.

이와 같이 박정희는 매사 솔선수범하고 따라오도록 했다.
그러한 솔선수범이 국민의 마음을 움직였고, 한 나라의 경제를
일으키는 데 크게 도움이 되었다.

Part 5
행동

과감하게 실행에
옮겨라

행동Action은 변화하는 조직의
가장 강력한 힘이다.

"탁월한 중견국가 한국은 앞으로 20년 뒤에는 프랑스,
독일을 앞설 것이다.
미래의 한국이 미국, 중국 등 초강대국 클럽에 낄 수 없을
지 몰라도 오늘의 프랑스나 독일처럼 될 수 있다."

－폴 케네디

패러다임을
전환하라

패러다임Paradigm은 어떤 한 시대 사람들의 견해나 사고를 지배하고 있는 사고의 틀이나 개념의 집합체다. 그러나 어떤 집단이 갖고 있는 생각의 틀만을 뜻하는 것은 아니고, 개개인이 주어진 조건에서 생각하는 방식 또한 패러다임이라 할 수 있다. 행동의 시작은 패러다임에서 비롯된다. 패러다임은 비전, 가치, 전략, 과제를 선정하고 식별할 수 있도록 하는 것, 즉 세상을 보는 눈이다. 과거나 현재에 안주하면서 새로운 패러다임을 가지지 못한다면 리더는 리더십을 발휘할 수 없고, 조직 역시 성장과 발전을 모색할 수 없다.

그렇다면 박정희가 대구사범학교와 교사생활에서 보인 그의 우울한 삶, 전근대적인 삶의 패러다임을 과감히 떨쳐버리고 미래 지향적이고 도전적인 삶을 살게 한 새로운 패러다임은 어디에서 비롯된 것일까?

안정된 교사직을 포기하고 학생 신분의 사관생도로 돌아간 만주로의 결행은 흔치 않은 행로였다. 그는 "누나, 나 죽어도 선생질 못 해먹겠어!"라는 말을 네 살 위 누나에게 던지고 과감히 만주행 열차에 몸을 실었다. 교사생활을 하면서 박정희는 역동적으로 변화하고 있는 만주국에 관심을 가졌다. 만주국 변화의 중심에는 관동군이 있었다. 2·26 사건을 일으킨 이시하라 간지는 만주 공간을 중화학공업 기지로 삼는다는 구상을 했으며, 이를 통해 강력한 군사제국을 꿈꾸었다.

만주를 포함한 대제국의 비전은 일본의 수많은 장교들, 관료들에게 상상력을 불어넣었고, 지식인들에게는 유토피아의 이상을 불러일으켰으며, 농촌 개혁가들에게는 파라다이스를 꿈꾸게 했다. 그런가 하면 사업가들에게는 경제회복 수단으로 만주를 생각하게 했다. 만주는 거대 합작 프로젝트였고, 모든 계층이 꿈꾸는 신천지이자 매력적인 곳이었다.

박정희는 다른 곳이 아닌 이곳으로 갔다. 그는 이곳에서 아침 6시부터 시작하는 일과에 적응했다. 일본은 스스로 군을 신성시했고, 이상적인 집단으로 사회를 계도해야 한다고 믿고 가르쳤다. 군대는 엘리트주의를 넘어 독립적 성격을 갖는 독자조직이라고 자부했다. 청일전쟁, 러일전쟁의 잇단 승리로 위신이 높아졌기 때문이다. 박정희는 이때 국가를 새롭게 디자인할 수 있는 핵심조직으로서 군대를 바라보았다. 또한 졸업 시 수석이라는 성적은 대구사범 시절의 성적부진을 만회했을 뿐더러 자신감도 불어넣어 주었고, 새로운 목표를 갖도록 해주었다.

박정희에게 만주군관학교 2년과 일본 육사 2년은 그의 삶에 결정적인 영향력을 주었으며 새롭게 세상을 바라보는 눈, 즉 패러다임을 바꾸어 주었다. 군이 비교하자면 만주에서의 2년이 그에게 훨씬 많은 영향을 끼쳤다.

관동군의 머리 역할을 했던 참모부는 엘리트 장교로 구성되었으며 대본영, 즉 일본 본토의 참모부와 자웅을 겨룰 정도로 무소불위의 집단이었다. 이들과 연결된 기업집단도 마찬가지였다. 만주 개척을 위해 미쓰이, 미쓰비시 등 일본을 상징하는 재벌들도 철도, 통신, 석유, 제분, 화학, 항공 등의 산업을 만주에서 일으켰다. 이른바 군산복합체의 모델이었다. 박정희에게는 만주국을 움직이는 조직과 그것을 가동시키는 시스템은 이상적인 모델로 인식되었다.

박정희에게 있어 만주 체험은 과묵한 그의 성격을 변화시키지는 않았지만, 그의 우울하고 낡은 패러다임을 자신 있고 활기차고 미래 지향적인 새로운 패러다임으로 전환시키는 데 결정적이었다. 국가를 디자인할 수 있는 엘리트 집단으로서의 군대에 대한 신념과 군조직의 효율적인 메커니즘, 그리고 군산복합 시스템을 경험한 박정희는 삶의 목표를 분명히 했고, 과거의 방황과 고독을 완전히 씻어냈다. 5·16 이후 경제개발계획과 중화학공업 프로젝트의 실행은 만주 체험에서 크게 도움을 받았음은 물론이다.

학습을 통하여
성장을 모색하라

　　학습이란 학교에서의 공부보다 훨씬 넓은 개념이다. 학습 없이 할 수 있는 행동은 극히 제한된다. 인간은 학습을 통하여 다양한 행동들을 배워나간다. 이렇게 사람은 지식과 기술을 습득하고 경험을 통해 유지해 나간다. 학습은 성장을 위한 원동력으로, 학습 없이는 개인이든 조직이든 성장을 기대하기 어렵다. 학습하는 조직은 스스로를 평가하고 조절해 나아간다. 지속적인 학습은 구성원들에게도 좋은 영향을 미치며, 이런 과정을 통해 리더십도 효과적으로 발휘된다.

　　박정희는 정치인이기 이전에 군인이요, 군인이기 이전에 교육자였다. 그는 대구사범학교를 졸업하고 사회생활을 교사로 시작했다. 그가 군인으로 변신하지 않았다면 평생을 교직에 봉사했을 것이다.

박정희는 남달리 교육에 대한 애착과 열의를 가지고 있었으며, 교육에 대한 신념 또한 투철했다. 즉 인간에게 주어진 환경과 조건을 개선하고 개발하여 보다 나은 삶을 누리기 위한 가장 근본적인 해결방법이 바로 교육이라는 것을 깨닫고 있었다.

세상의 모든 일은 사람에 의하여 이룩되는 것이기 때문에 '어떤 국민을 길러가느냐?'에 따라 국가의 발전이 좌우된다. 국가의 발전은 교육의 발전을 능가하지 못한다는 것이 박정희의 신념이기도 했다. 가정에 있어서도 완전한 교육을 자녀에게 남겨주는 것이 가장 훌륭한 유산인 것처럼, 국가에 있어서도 완전한 교육을 국민에게 남겨주는 것이 가장 위대한 유산이라는 생각을 가지고 있었다.

특히 이렇다 할 부존자원도 없이 뒤늦게 근대화를 표방했던 박정희는 다른 나라들과 피나는 경쟁을 하기 위하여 무엇보다도 인적 자원을 개발해야 한다는 생각을 가졌다. 이는 고전파 경제학자 애덤 스미스의 "인적 자본에 대한 투자가 경제성장에 이바지한다."는 생각과 같았다.

무엇보다 박정희는 스스로 24시간 학습하는 대통령이었다. 그는 새로운 지식이나 기술을 신속하게 받아들이고 능숙하게 활용했다. 독일 아우토반에서 고속도로에 관한 기술을 익혔고, 김완희 박사에게 반도체에 대한 지식을 배웠다. 그는 배울 곳이 있으면 어디든지 달려가는 개방성을 갖춘 대통령이었으며 한 나라를 학습조직으로 만들고자, 바꿔 말하면 학습국가를 만들고자 노력했다.

한국과학기술연구원KIST 설립

과학기술 연구기관 설립을 꿈꾸던 박정희의 구상이 구체적으로 모습을 드러낸 것은 1965년 5월 미국 존슨 대통령과의 정상회담에서였다. 회담에 앞서 미국 측으로부터 한국군 월남전 파병의 대가로 뭔가 선물을 해주겠다는 연락이 오자 박정희는 인재를 키우는 연구기관 설립을 제시했다.

박정희는 '기술을 아는 사람이 없어 만들어 낼 줄 모르고, 기술을 어디서 가져와야 되는지도 모르는 지금으로서는 기업과 학계를 연계하는 매개체로서의 연구기관이 절실하다'고 생각했다. 드디어 1966년 한국과학기술연구원KIST을 설립했다.

연구원들에게는 봉급을 충분히 주어 연구에 전념하게 했다. 연구원들의 봉급은 국립대학 교수의 세 배였다. 박정희는 한 달에 한 번꼴로 연구소를 방문하여 관계자들을 격려했다. 그는 '개발도상국가에서의 과학기술 발전은 국가 원수의 관심을 먹고 자란다.'는 미국 스티븐 데디예르 박사의 말을 믿었다.

외국에서 밀가루 한 포대라도 더 얻어 와야 했던 시기에 미국의 원조를 받아 KIST를 설립했으며, 한국 과학기술의 총본산으로 키웠다. KIST는 그 뒤 한국생명공학연구원, 한국전자통신연구원 등 20개 가까운 전문연구소를 배출하면서 우리나라 과학기술의 '맏형' 역할을 했다.

KIST는 정부 예산을 쓰면서도 정부의 회계 감사나 사업계획의 승인을 받지 않고 자율적인 연구를 했다. 또 연구예산은 정부가 깎지도 않았다. 그 모두가 박정희의 뒷받침이 있었기에 가능했다.

박정희는 KIST를 드나들면서 정원의 나무를 유심히 살펴보며 '왜 저 나무가 힘이 없느냐? 저기는 나무가 없다.' 식으로 지적하는 등 정원 가꾸기에도 관심을 보였다. KIST 사람들은 박정희를 초대 이사장이자 소장이었다고 말한다. 박정희는 대한민국의 미래에 대한 먼 비전이 있었고 꿈이 있었다.

박정희의 이런 관심을 받고 성장한 KIST는 초기에는 국가적 연구 과제를 입안하는 브레인 역할을 많이 했다. 과학기술진흥 장기전망과 전자공업 육성방안, 중공업 육성방안 등 산업발전을 위한 각종 정책안이 나왔다.

이어 포항제철 설립, 통신의 현대화, 자동차공업 등 굵직한 프로젝트뿐 아니라 자동차 윤활유 성능향상, 합성섬유인 아라미드 섬유, TV 리모컨, 휴대용 전자계산기, VCR 테이프 개발 등 작은 문제들에 있어서도 해결사로 나서 한국의 경제발전에 견인차 역할을 했다.

과학기술의 요람, 대덕 연구단지

대덕 연구단지 건설은 1970년대 과학기술계에 큰 의미를 갖고 있다. 이 계획을 구상하기 시작한 1971년도에 이미 우리 경제는 연평균 10%라는 놀라운 고도성장의 가도를 달리고 있었다.

한국과학기술연구원을 중심으로 이루어지기 시작한 기술 연구를 바탕으로 국내 산업의 다변화가 이루어졌다. 이로 말미암아 다양한 기술개발 요구가 분출하기 시작했고, 정부의 중화학공업 육성방안은 본격적인 과학기술 발전체제로의 전환을 요구했다.

중화학공업의 건설과 수출의 획기적 신장은 과학기술의 효율적 개발 없이는 불가능한 것이어서 정부는 과학기술 개발의 주요 시책으로 과학기술 진흥의 기반을 구축했다. 이와 동시에 전략산업기술의 중점적 개발로 국제경쟁력의 강화를 시도하게 되었다. 과학기술 개발을 위한 정부의 시책과 과학기술 개발에의 산업계의 요청은 연구개발의 확대발전을 불가피하게 하였으며, 중화학공업을 건설하고 수출산업을 발전시키기 위해서도 고도의 산업기술을 전략적으로 개발할 필요가 있었다.

한국과학기술연구원이 민간기업의 기술 개발을 위한 매개 역할을 수행해 왔으나, 경제 규모의 확대와 기술 수요의 팽창으로 한국과학기술연구원만으로는 이에 대응할 수 없게 되었다. 오늘날 산업기술의 특징은 전문·세분화되어 가고 있을 뿐만 아니라 복합화되어 가고 있으므로, 중화학공업 건설에서의 기술적 지원을 위해서는 산업기술별로 전문화된 연구기관의 신설과 아울러 이러한 연구기관의 협동체제가 이루어질 수 있도록 조직화할 필요가 있었다.

박정희는 KIST에서 분화 발전되어야 할 전문연구기관으로 긴급히 요청되는 선박연구소, 해양연구소, 기계기술연구소, 석유화학연구소, 전자기술연구소 등을 설립하기로 하고, 이들 연구기관에 연구의 자율성과 안정성을 보장하기 위하여 특정연구기관 육성법을 제정하였다. 이와 같은 연구기관들을 동일지역에 집결시켜 상호접촉 기회를 확대함으로써 지적 교류 및 인력 활용을 증대시키는 한편, 기기·시설의 공동이용으로 시설투자의 상대적 절감도 모색했다.

대덕 연구단지 건설의 기본계획을 수립하면서 세계 각국의 대표적인 연구단지 건설 배경, 형태 및 운영 등을 조사·연구하고 이를 우리나라 여건과 비교 검토하여 참고했다.

그러나 외국의 연구단지는 그 형성 배경에서 대덕과는 많은 차이가 있었다. 일본의 쓰쿠바는 수도권으로부터 인구 및 시설을 분산시키는 것이 건설의 일차적인 목적이었고, 미국의 트라이앵글 연구단지는 노스캐롤라이나 주의 지역발전, 그리고 소련의 노보시비르스크는 시베리아 개발이 단지 건설의 직접적인 요인이었다. 이에 반하여 대덕은 그 건설이념을 국가발전을 위한 과학기술의 효율적인 개발과 이의 전국적 확산에 두고 처음부터 범국가적인 차원에서 건설을 입안한 연구단지였다. 때문에 그 입지는 우리나라 산업권에 대한 전국적 지원이 용이하도록 국토의 중심부에 위치하도록 해야 했다.

또한 대덕 연구단지는 장래 이 나라 발전을 위한 두뇌 역할을 담당해야 했으므로 지적 공동체로서 충분한 여건을 갖추도록 계획했다. KIST 설립 때와 마찬가지로 행정부처 장관들은 무슨 연구단지냐고 고개를 절레절레 흔들었으나, 박정희는 미래를 내다보고 강력히 추진하도록 했다.

박정희는 단지 설립 장소까지 물색해 주었다. 당시 후보지로 충북 청원, 경기도 화성, 충남 대덕을 생각하고 있었다. 청원은 군사기지에 가까워 후보에서 일찍 탈락되었고, 결국 대통령의 적극적인 추천으로 입지가 대덕으로 결정되었다. 박정희는 최시형 박사에게 "최 박사, 이곳 대덕이 명당 중의 명당이요." 하면서 건설부 장관과 함께 헬기를 타고 돌아보라고 권하기도 했다.

대덕 연구단지는 연구소와 학원이 공존하는 지적 공동체를 형성하여 시설과 인력 활용을 극대화하는 연구단지의 본질적인 이념이 구현되도록 종합적으로 계획되었다. 입주 연구기관만 해도 50여 개에 이르는 국내 최대 규모의 대덕 연구단지는 우리나라 과학기술 혁신의 산실이 되고 국제적인 과학기술 협력의 거점이 되어, 21세기에 세계로 뻗어나가는 발판이 되고 있다.

대덕 연구단지 건설에는 일본 와세다대학을 졸업한 뒤 미국 노트르담대학원과 미네소타대학원에서 수학한 최형섭의 노력이 컸다. 그는 국산자동차 주식회사 부사장을 거쳐 1962년부터 원자력연구소장으로 있으면서 과학기술 연구기관의 설립 필요성을 줄기차게 제기했다.

일본과 미국의 유수 대학에서 수학한 과학도에다 옹고집에 가까운 그의 소신은 박정희의 마음을 끌기에 충분했다. 드디어 최형섭은 KIST 소장에 임명되었다.

그 후 KIST 소장으로 미국에 체류하고 있을 때 장관 임명 소식을 받자 바로 노스캐롤라이나에 위치한 트라이앵클 파크를 방문하여 그 단지를 벤치마킹하고 연구단지를 구상한 후 박정희에게 건의했다. 이러한 구상 아래 오늘날 대덕 과학도시가 만들어졌다.

그는 1971년 6월부터 7년 6개월 동안 과학기술 행정의 기반을 구축하고 경제성장을 지속하는 토대를 만드는 데 일등 공신의 역할을 했다. 과학기술 기반 조성을 위한 과학기술 인력 양성과 과학기술 진흥체계의 정비, 기초과학 연구의 강화, 국제기술협력 증대 등 많은 정책과 제도를 정비하였다.

최형섭 장관은 과학교육을 아는 것에서 실행하는 것으로 바꾸고, 산학 협동체제 구축과 함께 "과학기술이 곧 국가경쟁력이다."라는 표방으로 과학기술 정책의 우선순위를 높여 대한민국의 경제성장에 크게 이바지하였다.

실업고와 직업훈련원

박정희 시대의 주요한 산업역군은 용접·배관·제관·전기·

기계조립 기술로 산업현장의 손발 역할을 했던 많은 기능사들이었다. 이들은 기계공업의 정밀 가공사를 양성한 공고생 등 실업고 출신들이었고, 기능올림픽 대회를 휩쓸었던 직업훈련생들이었다.

박정희는 1971년 경북 구미에 금오공고를 설립했다. 재직 당시 네 차례나 방문했던 그 학교는 주물, 용접, 열처리, 단조 등의 교육을 시켰다. 전원 무료 기숙사 교육 등의 장학 혜택으로 개교 직후부터 명문 소리를 들었을 정도인데, 1976년 400명 모집에 126명이 중학교 수석 졸업자로 채워졌다.

이곳에서 배출된 젊은이야말로 조국 근대화의 기수였다. 실제로 기름때 묻은 작업복의 왼쪽 가슴에는 '조국 근대화의 기수'라는 위장을 걸어주었다. 박정희는 틈나는 대로 이들을 방문, 격려해 주었고 마치 친자식을 대하듯 감동과 자랑스러움 그리고 흐뭇함이 배어 있었다.

박정희의 격려에 보답이라도 한 듯 이들은 1977년 이후 국제 직업훈련 경진대회, 일명 기능올림픽 대회를 싹쓸이하다시피 했다. 또한 1, 2차 오일쇼크 때 국제수지 악화를 방지했던 중동건설의 현장도 이들의 활약 무대였음은 물론이다.

박정희 시대에는 이러한 전문적인 교육 외에도 일반 교육은 양적으로나 질적으로 크게 성장하였다. 1970년대 이전에는 초등교육 분야에 대한 성장이 두드러졌으나 그 이후에는 중등 및 고등교육 분야의 성장이 이어졌고, 뒤이어 대학 진학률이 50% 수준을 상회하면서 경제성장을 위한 고급 인적 자원의 공급이 이루어졌다.

1972년 8월 미래학자 허먼 칸 박사는 "한국은 유교문화에 의한 교육열과 근면성으로 연 10%의 고도성장을 지속할 것이다."라고 주장하였다.

또한 정치학자 새뮤얼 헌팅턴은 그의 저서 《문명충돌론》에서 "1960년대 초 한국과 아프리카 가나의 1인당 국민소득이 같았는데, 1990년대 초에 이르러 한국인의 국민소득이 가나의 그것보다 15배나 늘어나게 되었다. 그 이유는 무엇일까? 그것은 한국이 가나와 다른 문화를 가졌기 때문일 것이다. 그렇다면 한국은 무슨 문화를 가졌기에 그토록 기적을 창출할 수 있었단 말인가! 나는 다른 어떤 요인보다도 교육에 대한 아낌없는 투자가 한국의 기적을 만들어 냈다고 생각한다."고 밝혔다.

시스템을 구축하여
효율성을 확보하라

시스템이란 그리스어의 Systema로 '여러 개의 부문으로 구성된 전체'라는 말에서 유래되었다. 시스템은 전체로써 작용하는 상호 관련된 요소들의 조합이라고 할 수 있다. 즉 어떤 하나의 목적을 달성하기 위하여 두 개 이상의 객체가 연합하여 객체 상호 간의 논리적 연관성을 가지고 유기적으로 연결되어 상호 작용하는 결합체인데, 조직에서는 운영체계를 가리킨다.

이것을 좀 더 알기 쉽게 설명하면 시스템이란 조직 운영에 필요한 중요한 요소들을 순서대로 연결시켜 놓은 것이라 할 수 있다. 이러한 시스템은 조직에 높은 효율성을 가져다줄 뿐 아니라 조직의 일체감을 조성하는 등 리더십 발휘에 크게 기여한다.

대통령 보좌시스템 정비

박정희는 우선 보좌시스템의 정비로 비서실을 강화했다. 그는 비서실을 군의 참모조직과 유사하게 각기 독자적인 임무가 부여된 기능 위주로 편성하였다. 의전, 정무, 경제, 공보, 민정, 총무비서실로 구성하였고 그 후 경제개발이 본격화되면서 경제비서실을 경제1, 경제2, 경제3 수석비서관실로 확대하여 경제제일주의를 반영하였다.

또한 1970년대에 들어 야당의 정치공세와 국민들의 불만이 높아짐에 따라 안보, 외교, 경제, 정치, 국제정치, 교육, 사정 등 8~9명의 특별보좌관을 두었다. 이들은 대부분 장관급으로서 서종철, 최규하, 함병춘, 남덕우, 박종홍, 이용희 등 저명인사들을 임명함으로써 자신을 대신하여 각계각층과 대화하고 여론을 수렴하도록 참모진을 더욱 강화하였다.

경제 사령탑, 기획원 설립

박정희는 비서실에 이어 경제개발을 위해 1961년에 경제기획원을 설립했다. 이는 기획 기능과 자원조달 기능을 가진, 세계에 유례가 없는 강력한 경제개발 기구였다. 한국 경제개발의 산실인 경제기획원에 힘을 불어넣은 것은 박정희였다. 그리고 여기에는 가난을 극복하고 잘살아 보자는 국민의 여망을 반영했다.

경제기획원은 개발경제의 청사진인 경제개발 5개년계획을 만들었고 직원들도 이를 통해 개발전략, 정책목표, 우선순위, 정책수단 등을 사고하는 훈련을 하게 됨으로써 인재양성의 산실이 되었다. 최고지도자의 절대적 신임과 지지를 받으면서 경제정책의 중심에 선 경제기획원은 이해관계 조정자라는 조직의 특성을 기초로 개방성과 균형감각 그리고 합리성을 중시하는 독특한 조직문화를 형성해 나갔다.

기획관리 기법 도입

군은 1954년경부터 최초로 미국식의 기획관리 기법을 조직관리에 적용했고, 이로써 박정희를 비롯한 고급 장교들은 가장 현대화·전문화된 집단으로 등장했다.

이 기법은 미국의 기업경영에서 활용되어 온 것으로, 일단 계획이 확정되면 그와 동시에 예산을 편성하여 집행 단계에서 연간 사업목표, 세부사업, 진로계획서를 도표로 제시한다. 이와 같이 계획과 집행의 일관성을 통해 목표를 성취하는 것이 기획관리 기법의 중요한 특징이다.

박정희가 실천을 중시하게 된 데에는 이와 같은 계획, 집행의 일관성과 목표 달성을 중시하는 군의 경험이 커다란 영향을 미쳤다. 제1·2 공화국의 경제적 파탄의 원인 중의 하나를 실천력의 부재로 지적했다.

박정희가 현장지도를 일상화한 것도 실천을 중시하는 국가경영의 한 단면이었다. 대통령은 연초만 되면 중앙의 행정 각 부처뿐만 아니라 지방정부를 순시하면서 전년도의 실적을 보고받고, 신년도의 계획을 청취하는 일을 한 번도 거른 일이 없었다. 이때 행정부에서는 총리, 부총리, 관계부처 장관, 입법부와 여당의 지도급 인사, 청와대 비서진, 정부 산하기관장 등 주요 인사들이 모두 수행했다.

이러한 현장지도는 계획을 실천하도록 자극하는 데 매우 효과적이었다. 뿐만 아니라 현장의 근로자들로 하여금 대통령의 관심과 애정을 확인하도록 함으로써 생산성을 자극하는 효과를 낳기에 충분했다. 대통령으로서도 현장에서 발전하는 모습을 직접 눈으로 보고 보람을 느끼면서 국민의 저력을 확인했던 것이다.

박정희가 현장을 직접 지휘하기 위해서 중요 사안에 부딪힐 때마다 청와대에 전담팀을 구성했고 경부고속도로, 포항제철, 울산 공업단지 등의 국가 기간산업 건설현장에 직접 나가 독려하는 등 현장 지도의 리더십을 십분 발휘하였다.

특히 경부고속도로의 건설 당시 대통령의 집무실은 계획의 실천을 지휘하는 작전사령부 같았다. 박정희는 25만분의 1 지도를 펼쳐놓고 삼각자를 대고 색연필로 노선을 직접 그리면서 경부고속도로의 건설에 강한 집념을 불태웠다. 청와대 집무실은 마치 '전투상황' 같았다.

박정희는 경제개발계획을 수립하는 과정에 20% 정도의 시간과 정열을 투입했다면 실제 확인과 진두지휘를 통해 실천하는 과정에는 80% 정도의 노력을 투입했다. 실제 개발계획의 성안은 자신의 국가경영 철학의 틀 속에서 행정부 각부, KDI(한국개발연구원), 관련 단체, 대학 교수 등이 협력하여 광범위하게 모은 의견을 토대로 이뤄지지만, 실천만은 대부분 자신의 몫으로 돌렸다.

"실천 없는 계획은 종잇조각에 불과하다."

박정희의 리더십은 많은 신생 독립국들이 추진한 경제개발계획이 실패로 끝난 반면, 한국은 어떻게 해서 성공할 수 있었는가를 밝힐 수 있는 중요한 단서이다. 많은 신생 독립국들의 경우, 계획과 실천이 분리되어 계획이 '화려한 장신구'로 변질된 반면, 박정희는 일단 수립된 계획은 집념을 갖고 반드시 실천에 옮겼다.

민주적인 의사결정 시스템

박정희는 어떤 프로젝트를 설정하든지 광범위한 의견을 수렴한 후 신중한 결정을 내렸다. 특히 그 과정에서 장관의 의사와 자율권을 최대한 존중했다.

반면, 주무 장관들의 정책추진 실적을 철저히 확인, 점검했다. 비서실을 통해 점검하는 경우도 있고 종합상황실, 총리실의 기획조정위원회 및 심사분석 제도 등 제도적 채널을 통해 확인하기도 했다. 또한 중요한 프로젝트라고 판단될 경우는 담당 부처에 직접 나가 그 진행상황을 보고받았다.

박정희는 독특한 정책결정 방식을 채택했다. 각 부처가 어떤 사안에 대해 대통령께 보고를 하기 직전, 청와대 담당비서관은 이를 미리 파악하고 그 보고 내용에 관해 비서실의 실무적 차원의 의견을 진언한다. 대통령은 간접적으로나마 일단 보고를 받았음에도 불구하고 주무 장관의 보고를 끝까지 경청한다.

이때 주무 장관의 보고 내용이 본인이나 비서실의 판단과 맞지 않더라도 즉석에서는 좀처럼 반대 의사를 표시하지 않았다. 일단 본인의 의견을 제시한 후 다시 한 번 검토해 볼 것을 지시함으로써 장관으로 하여금 심사숙고할 기회를 주는 경우가 일반적이었다. 그리고 필요한 경우에는 경제과학심의회나 민간 기업인들을 불러 의견을 직접 묻기도 했다.

담당비서관은 대통령이 제시한 의견을 토대로 주무 부처와 다시 의견을 조율하게 된다. 대통령의 생각을 염두에 두고 장관으로 하여금 조정된 보고를 할 수 있도록 조력한다. 이것은 청와대 비서진의 주요 기능으로 관행화되어 있었다. 담당비서관이 내각에 지시하거나 정부 정책을 직접 결정하여 대외적으로 공표하는 일 등은 상상조차 할 수 없었다.

이러한 과정을 통해 박정희는 일차적으로 장관의 의사를 존중하고, 장관 스스로의 정책이 실천된다는 외형적 절차를 갖추려는 배려를 항상 잊지 않았다.

만약 해당 사안이 중대하다고 판단할 경우, 대통령은 자신을 포함하여 관련자들 간의 심도 있는 토론과 협의 과정을 거쳐 정책 결정을 하는 절차를 거쳤다.

정책 결정을 위해서 박정희는 정기·부정기 회의를 자주 소집했다. 경부고속도로 건설, 중화학공업화 및 방위산업 육성,

부가가치세제의 도입 등 굵직굵직한 정책 결정은 사안의 성격상 극비를 요구하는 부분을 제외하고는 모두 민주적 토론을 거쳐 내려졌다.

특히 월간 경제동향 보고, 수출진흥 확대회의, 청와대 국무회의, 국가 기본운영계획 심사분석회의, 방위산업 진흥 확대회의 등 정례화된 5개 회의는 민주적 정책결정을 위한 정기적 토론의 장이었다. 박정희는 이러한 회의를 국정 현황을 파악하고 이에 대한 살아 있는 정보를 얻을 수 있는 중요한 채널로 인식하고, 또한 찬반양론을 조정하는 장으로 적극 활용했다. 독단적으로 정책을 결정하는 경우는 좀처럼 보기 어려웠다.

박정희는 정상적인 정책결정 과정을 거쳐 어느 프로젝트가 결정되면 간섭을 하지 않고 장관에게 맡기되, 그 책임은 엄격히 물었다. 박정희의 리더십과 용인술 뒤에 감춰진 마력이 바로 여기에 있었다.

품격 있는
문화를 창조하라

문화란 라틴어의 cultus에서 유래되었다. cultus란 원래 밭을 갈아 경작한다는 의미로, 다시 말하면 '자연에 노동을 가하여 수확한다.'는 의미였다. 이것이 시간이 흐르면서 '가치를 상승시킨다.' '가치를 창조한다.'는 뜻으로 나아가, 교양이나 세련의 의미를 갖게 되었다. 이리하여 오늘날 '문화' 하면 미술·음악·문학 등을 내포하게 되었고, '문화인' 하면 교양 있는 사람, 세련된 사람을 뜻하게 되었다.

그러나 문화를 넓게 해석하면 '어떤 사회 전체의 생활양식'이라고 할 수 있다. 그런 의미에서 E. B. 타일러는 "문화란 지식·신앙·예술·도덕·법률·관습·기타 사회구성원으로서 인간에 의하여 획득된 모든 능력이나 습성의 복합체이다."라고 정의하였다. 다시 말하면 문화란 삶의 축적된 모습으로 인간은 양질의 문화를 간직하기 위하여 노력한다. 왜냐하면 그것은 리더십의 궁극적인 목적인 인류에게 행복을 가져오기 때문이다.

박정희는 '문화적인 생활'이란 현대문명을 능률적으로 우리의 현대생활에 활용하는 것으로 이해했다. 또한 문화와 문명의 차이점에 대해서는 문화란 정신적인 것이고, 문명이란 과학 등의 물질적인 것으로 보아, 문명뿐 아니라 문화의 중요성도 강조하였다. 박정희는 문화, 다시 말하면 국민과 국가의 품격의 중요성을 아는 지도자였다. 그리하여 우리 민족 고유의 삶의 모습, 즉 정체성을 간직하면서 이를 생활화하여 보다 품격 있는 나라를 만들고자 노력했다.

박정희는 우선 민족문화의 정체성을 확립하고자 민족문화 창달에 심혈을 기울었다. 문화 창달 사상이 구체적으로 표출된 것은 1972년에 제정된 문예중흥 선언이었다. 이것이 탁상공론으로 끝나지 않고 문화정책으로 구체화되어 한국학의 본산인 한국정신문화연구원이 설립되었고, 문화예술진흥원이 창립되었으며, 문화공보부가 발족되어 문화예술 정책을 입안하고 관리하였다.

1970년대 초반부터 국가발전 계획의 일환으로 문예중흥 5개년계획이 수립되었다. 박정희는 국적 있는 교육을 주장했으며, 우리 문화의 정체성을 확립하기 위해 골몰하였다. 한글 전용화 정책을 강하게 밀어붙였고, 이 충무공의 정신을 기리기 위해 아산 현충사를 중건했으며, 권율 장군의 충장사를 복원했는가 하면, 많은 유적 유물들을 발굴하고 이를 선양시켰다.

광화문을 복원한 것도 박정희였다. 광화문 복원을 놓고 그는 많은 고민을 했다. 옛 모습대로 복원하기를 희망했지만, 그 당시는 목재를 구하기가 매우 어려운 시절이었다. 콘크리트 공법을 이용해 옛 모양으로 짓기로 결정했다. 그래서 그곳에 박정희의 휘호가 걸려 있었다.

이후 국회의사당, 장충동의 국립극장은 이러한 콘크리트 건물 양식을 발전시켰는데 이에 대한 관심도 깊었다. 세종문화회관의 건축에도 주의를 기울여 심지어 기둥의 크기에까지 각별한 의견을 제시했다.

아산의 현충사를 건립할 때, 박정희는 조경에 깊은 관심을 가졌다. 이병철을 불러 소나무를 옮겨 심는 방법을 상의했는데, 오늘날 조경 식수의 기본으로 소나무가 들어가는 것은 그 때문이었다.

박정희는 1970년대 초반부터 우리 민족 역사에 위대한 업적을 남긴 사상가의 유적을 복원하는 데 주력했다. 불교에서는 원효, 그리고 팔만대장경은 고려의 대외 항쟁 상징과 인쇄문화의 기본 틀로서 우리 민족의 역사 속에서 내려오는, 불교와 접합된 정신문화의 구심점으로 보았다.

그리고 조선에 와서는 성리학에 입각한 철학을 발전시킨 퇴계 이황, 율곡 이이, 또는 하서 김인후 등을 기리기 위하여 도산서원, 오죽헌, 자운서원, 필암서원 그리고 추사 김정희의 글씨 현판 등 한국의 자주적인 예술문화의 근본이 되는 유적을 정비했다.

또한 전통문화를 제대로 계승할 목적으로 일군 사업으로 대표적인 것이 경주의 신라문화유적 총괄정리 사업이다. 박정희는 문화 유적을 통해서 일본을 이기려면 우리의 정신문화나 문화유적의 뿌리를 잘 알아야 된다는 의식이 있었다.

박정희는 일본사관으로 쓴 신라사, 한국의 전통미술사, 고고학에 대해서 경주의 천마총, 98호 고분, 안압지, 월성, 왕경지, 황룡사지 등을 발굴하게 해서 다시 쓰게 하여 자주적인 사관으로 우리의 문화사를 새로 정립했다.

1960년대에 고속도로를 낼 때, 대구에서 경주 구간에 고분이 많이 발견되었다. 그 당시 보이는 것은 고속도로뿐이고 그날그날 사업 진척에만 매달렸다. 그러나 박정희는 건설부 장관에게 "문화재를 다 발굴하여 조사하고 난 후에 공사를 진행하라"고 했다. 건설부에서는 깜짝 놀랐다. 그 당시 제일 우선순위가 경부고속도로를 만드는 것인데, 그보다 더 귀중한 사업이 있다는 것을 알게 되었다.

문화재보호법을 개정하여 고속도로나 모든 국토개발 과정에서 문화유산이 있으면 시공자가 부담을 하여 모두 발굴한 다음 공사를 하라는 것이었고, 박정희의 지시였다. 그러니까 제일 높은 곳에 민족문화 유산을 두었다. 즉 민족문화 사업은 어떠한 사업보다 중요하고 가치 있는 것으로 우선순위를 두었다.

박정희는 문화발굴 현장을 방문하여 격려해 주었다. 대통령이 직접 문화유산을 조사하는 고고학도나 미술사학도를 격려하는 것은 쉬운 일이 아니었다. 박정희는 역사의식이나 민족문화에 대한 열정과 함께 그것을 잘 보존해야 된다는 마음이 넘쳐흘렀다.

1970년대 초에는 우리나라의 모든 문화유적을 조사하도록 하였다. 그리하여 우리 민족의 사상적 체계와 민족문화의 정체성을 확립하고 문화유산 보존의 근간을 만들었다.

박정희는 지역마다 그 지역 특성의 대외 항쟁사라든지, 우리 민족 문화사라든지 어떤 실체의 정신적 주체를 중심으로 아주 철저한 고증을 통해서 국민교육의 장으로 삼고자 했다.

부산에 충정사, 경남에 진주성, 의령에 '곽재우' 장군 유적, 경북에 '신라 화랑정신'을 구현하는 곳, 충남의 현충사, 칠백의총, 전남에 포충사, 광주에는 충장사, 경기의 강화 전적지, 충북에 충민사, 강원에 오죽헌 등이 있다.

　　그리고 박정희는 '무형문화재'도 만들었다. 1962년에 문화재보호법이 처음 제정되면서 우리나라의 춤, 노래 등이 문화재로 만들어졌다. 인간문화재, 소위 말하는 춤을 추는 사람들이나 음악 하는 사람들, 공예기술의 장인 등……. 옛날에는 이런 사람들을 하층계급으로 업신여겼다. 이런 분야를 숭상하고 보존해 나갔다. 음대 안에 전통음악인 국악과를, 무용학과에 한국의 전통무용학과를 설치하여 우리 문화, 우리 예술을 강조하였고 박종홍, 이은상, 이선근 등 문화계 원로들과 자리를 함께하여 민족문화에 대한 조언을 들었다.

　　박정희는 전통문화를 보존함은 물론 이를 우리 곁에 가까이 둘 수 있는 환경을 조성함으로써 생활화를 통하여 우리 국민들의 생활 모습을 보다 양질의 것으로 바꾸어 가고자 하였다. 그리고 이를 문화로 정착시켜 더욱 품격 있는 대한민국을 만들고자 노력하였다.

Part 6
한강의 기적

성장의 신화와 그늘

한강의 기적을 만들어 내다.

"박정희에 의해 한국이 당대에 근대 산업국가로 초석을
다지리라는 것을 나는 조금도 의심하지 않는다.
또 박정희의 반대세력에 의해 근대 민주국가의 초석을
다지게 되리라는 것도 확실히 믿는다."

－어느 외국 외교관

성장의 신화를
이루어 내다

박정희는 그만의 개성 있는 리더십을 통하여 국민의 마음을 사로잡았고 국민을 결집시켰으며, 경제성장을 가져와 국민에게 '행복'의 기회를 제공했다. 그는 분단의 비극으로 인한 사상적 방황, 죽음을 각오한 5·16, 조국 근대화, 부하에 의한 피살 등 그야말로 파란만장한 삶 속에서도, 개인의 리더십을 갖추고 상황판단을 통하여 국가 리더십을 발휘했다.

청렴한 성품과 강인한 의지 그리고 실천력을 바탕으로 상황 파악과 진단을 통하여 국가의 비전을 제시하고 가치를 장려하였으며, 전략을 채택하였고 과제를 식별하여 추진하였다.

박정희는 무엇보다 청렴한 성품의 소유자였다. 그는 축재와 거리가 멀었다. 한 나라의 경제를 급성장시켰으나 그는 싸구려 시계를 찼고, "자식을 위해서 좋은 밭을 사지 않는다."는 자신의 말처럼 자식들에게 어떠한 유산도 남겨주지 않았다.

　박정희는 '죽기를 각오하면 산다.'는 확고한 삶의 의지와 신념, 열정, 그리고 헌신의 직업적 의지를 보여주었다. 그는 '하면 된다.'는 굳은 신념을 보여주었고, '할 수 있다.'는 불타는 열정을 가지고 모든 일에 임하였다.

　박정희는 국가지도자로서 무엇보다 그의 선견 있는 통찰력과 치밀한 조직력, 그리고 시공간을 넘어 통합하고 반드시 목표를 달성하고자 하는 실천력을 보여주었다.

　이러한 개인 리더십을 갖춘 박정희는 가난한 조국의 현실을 투시하였고 시대적 상황을 인식한 뒤에 국정 과제의 우선순위를 경제발전, 민주주의, 조국통일 순으로 두었다. 즉 먹고사는 문제를 국가의 최우선 과제로 상정하였다.

　박정희는 '조국 근대화'라는 국가적 비전을 제시하고 '우리도 한번 잘살아 보자' '우리도 할 수 있다'며 국민들을 격려하고 고무시켰다. 그는 국민적 공감대 형성을 위해 식자층에게는 '민족중흥'으로, 일반 국민들에게는 '잘살아 보세'로 설득하고 이해시키고자 노력했다.

　아울러 박정희는 국민들이 간직해야 할 올바른 마음가짐으로 근면, 자조, 협동이라는 '가치'를 장려하고 신장시켰다. 즉 박정희는 영혼이 있는 국가를 만들고자 노력했다. 이의 확산을 위해 그는 노래를 직접 만들고 스스로 즐겨 불렀다.

　박정희는 비전 달성을 위하여 경제개발 5개년계획, 수출제
일주의, 중공업화 등 중장기 전략을 수립하고 우선순위를 두어
가용 역량과 자원을 집중하여 추진하였다.

　박정희는 이를 구체화하기 위하여 한일협정, 월남파병, 고
속도로 건설, 포항제철 건립 등 국가적 과제를 식별하여 추진하
였다. 그는 한꺼번에 여러 가지 국가사업을 추진하기보다는 한
가지 사업을 완결하고 또다시 새로운 사업을 추진하는 등 단계
별로 국가적 과제를 해결해 나아갔다. 그는 국가발전을 위해 필
요하다는 결론에 도달했을 때에는 그것에 설사 반대의견이 있
다 하더라도 신념을 가지고 강력히 추진해 나아갔다.

　박정희는 인재의 중요성을 깊이 인식하였다. 그는 설사 자
신과 다른 의견을 가지고 있는 인사라 할지라도 국가발전에 도
움이 된다면 과감히 발탁해서 썼다. 그리고 그는 유능한 인재를
신중히 발탁하여 믿고 일을 맡겼다.

　무엇보다 박정희는 현장을 중시했다. 포항제철 건립 시에
는 13번이나 현장을 방문했고, 경부고속도로 건설 시에도 현장
을 방문하여 인부들을 막걸리로 격려했다. 그리고 월남전이 한
창일 때는 전쟁터를 마다하지 않고 방문하여 애로사항을 직접
눈으로 확인하고 격려하였으며, 해마다 열리는 정부부처와 시

도의 연두순시는 거르는 일이 없을 정도로 그는 현장을 중시하는 지도자였다.

또한 박정희는 객관적인 평가를 매우 중요하게 여겼다. 수출진흥 확대회의 시에는 각국에 나가 있는 대사들을 불러들여 수출유치 실적을 평가했다. 이에 따라 수출실적이 좋은 대사들은 영전했고, 그렇지 못한 대사들은 좌천되었다. 그만큼 그는 평가를 중요시했고 방향을 설정하는 기준으로 삼았다.

박정희의 의사소통 능력은 매우 탁월했다. 그의 말은 간결하고 명쾌했다. 사족이 없이 정확한 말과 글을 사용했으며, 중요한 사안에 대해서는 반복하여 공감대를 형성했다.

이러한 리더십을 갖춘 박정희는 선진국에서 수십 년 또는 100년 이상이 걸린 산업구조의 변화를 아주 짧은 기간에 이루어 냈다. 말하자면 압축 성장이었다. 박정희 집권 18년 6개월 동안 연평균 9.3%의 경제 성장률을 가져왔고, 1인당 국민소득은 87달러에서 1,242달러로 14배로 증가시켰다. 1965년 필리핀의 절반에 불과하던 한국의 1인당 GNP 106달러는 1979년 1,745달러로 필리핀의 세 배였다. 연간 수출액은 5,430만 달러에서 1970년도에는 10억 달러, 1977년도에는 100억 달러, 그리고 유고 전해인 1978년에는 127억 1천만 달러를 달성했다.

이를 두고 이란의 한 언론은 다음과 같이 칭송했다.

"세계 어디에서도 한국의 예가 되풀이될 수는 없다. 전쟁의 폐허 속에서 자연자원도 없이 북한으로부터의 끊임없는 공격 위험과 직접적인 외국원조에 크게 의존하던 상태에서 한국은 달리 나아갈 길이 없었을 것이다. 그러나 한국인들의 노력이 대단했음을 입증했다. 아시아 각국의 생활수준과 비교할 때 한국의 생활수준은 높다. 그들은 세계 최강의 방위력을 유지하면서 이러한 생활수준을 달성한 것이다.

한국의 실험은 검토해 볼 만한 가치가 있다. 인력을 활용하는 데 있어서 그들이 이룩한 업적이라든지, 국가의 사회적 내지는 경제적 필요성을 충족시키기 위한 노력에서 그들이 이용한 이점 등은 특히 검토의 가치가 있다. 또한 한국은 수출시장의 개척 면에서도 하나의 모델이 될 수 있을 것이다. 다른 나라들은 한국으로부터 교훈을 얻어야 한다. 한국이 그들의 발전전략을 추구해 가는 과정에서 직면한 여러 가지 정치적, 사회적 문제 중에는 불가피한 것도 있었다. 그러나 그것은 모두가 한국적 상황에 특유한 문제들로 한국의 우방국들은 그들의 문제를 스스로 해결하기를 바랄 수밖에 없는 것이다."

이렇게 박정희는 재임 18년 6개월 동안 수치상으로는 경이적인 기록을 이루어 냈고, 세계 사람들은 독일이 이룩한 경제발전을 "라인 강의 기적"이라고 부르듯이 그의 지도력하에 이룩한 한국의 경제성장을 "한강의 기적"이라고 하였다. 박정희는 국민을 결집시켰으며 경제성장을 가져와 국민에게 '행복'의 기회를 제공한 탁월한 리더십을 발휘한 리더요 국가지도자였으며, 대한민국의 뉴 디자이너New Designer였다.

성장의 그늘을
걷어내라

그러나 이렇게 탁월한 리더십을 발휘한 박정희에게도 한계는 존재하였다. 그는 정치적으로 권력을 좌지우지하는 독재자라는 비난을 받아야 했다. 또한 그가 이룩한 고도성장의 문제점도 나타나 대기업과 중소기업, 공업 부문과 농업 부문 등 불균형을 가져왔으며 부와 권력이 편중되고 소득격차가 심하여 계층 간의 거리감이 커지는 등의 부작용과 함께 비민주화·비인간화라는 대가를 치러야 했다.

박정희가 이룬 경제성장의 대장정에는 급속한 도시화에 따른 과밀현상으로 실업과 빈곤 그리고 집 없는 설움으로 조성된 빈민촌, 이른바 달동네를 낳았다. 박정희는 근대화와 경제성장의 편익과 같은 선물과 함께 달동네 같은 부담도 두고 떠났다.

작가 이외수는 달동네를 "주거지의 위치는 높으나 사회적 신분이 낮은 사람들의 안식처, 생활은 어려우나 마음은 밝은 사람들의 도읍지, 달빛이 가장 먼저 비치는 성지, 참다운 인생의 진리를 터득하며 살아가는 사람들의 보금자리, 대개의 입지전적인 인물들의 일생에 한 번쯤은 이런 동네에서 어둠의 세월을 보냈던 기억을 가지고 있다."며 연민의 정을 나타냈다.

우리 경제사에는 가슴 아픈 일이 있었다. 전태일의 분신사건과 YH 여성근로자 김경숙의 죽음이다.

전태일 사건이 발생한 1970년은 1차 경제개발 5개년계획이 마무리되고, 2차 경제개발계획이 진행 중이던 때다. 1970년 11월 13일 오후 2시경, 서울 평화시장 앞길에서 전태일이 자기 몸에 불을 붙여 자살을 기도하였다.

그는 불길 속에서 "근로기준법을 준수하라! 우리는 기계가 아니다! 일요일은 쉬게 하라!" "노동자들을 혹사하지 말라! 내 죽음을 헛되이 하지 말라!"고 외쳤다. 다음날 그는 자기가 못다 이룬 일을 꼭 이루어 달라고 어머니와 동료들에게 다짐을 받은 후 명동 성모병원에서 숨을 거두었다.

전태일의 죽음은 고도성장과 근대화의 꿈에 잠겨 있던 한국 사회에 크나큰 충격을 안겨주었다.

또한 가발 제조업체인 YH무역이 폐업을 공고하자 이 회사 노동조합원 200여 명이 회사의 정상화와 노동자의 생존권 보장을 요구하며 1979년 8월 9일 마포구 신민당 당사에서 농성을 벌였다. 경찰이 진압을 시작하였고, 그 과정에서 노동자 김경숙이 사망하는 사건이 일어났다. 이 과정에서 172명의 여성 근로자와 신민당 당원 26명이 연행되었고, 농성을 배후 조종한 혐의로 문동환 등 8명이 구속되었다. 사건 직후 진압과 연행에 반대하는 시위가 곳곳에서 일어났고, 이로 인해 당시 신민당 총재 김영삼이 의원직에서 제명되었다.

이 사건의 후폭풍은 만만치 않았다. 부산과 마산의 학생·시민들이 김영삼 총재 제명 반대와 민주화를 요구하며 시위에 돌입하였고, 결국 10·26 사태로 연결되어 박정희의 서거로 이어졌다.

고도성장의 그늘에서 저임금, 장시간 노동에 시달려야 했던 노동자들의 아픔이 있었다. 고도성장 속에서 노동자들의 임금상승률도 올랐지만 장시간이었던 작업시간의 아픔과 고통도 있었다.

그러나 우리는 이쯤에서 박정희가 간직했던 꿈과 최고 지도자로서의 고뇌를 뒤돌아보아야 하겠다. 재야그룹의 중심인물이었던 백기완이 "힘이 없어 나라를 빼앗겼던 식민지 생활의 경험을 되풀이하지 않고자 절치부심했던 박정희의 가슴을 한번쯤 생각해 봤더냐?"라는 울림에 귀를 기울여 보자.

《토지》의 작가 박경리 여사가 "생명과 생존이 가장 중요한 명제이고 정치와 예술은 두 번째"라며, 생명과 생존이 없는 인간의 자유와 권리는 공허할 뿐이라고 한 말을 생각해 보자.

그리고 박정희의 심정을 소박하고 솔직하게 밝힌 그의 저서 《국가와 혁명과 나》의 마지막 페이지를 보자.

"경상북도 선산군, 이곳이 본인이 태어난 곳이다. 20여 년간의 군대 생활, 그리고 소년 시절에도 본인은 자립에 가까운 생활을 배워왔다. 그만큼 가난하였기 때문이다……. 그 환경이 본인으로 하여금 깨우쳐 준 바 많았고, 결의를 굳게 하여주기도 하였다. 이같이 가난은 본인의 스승이자 은인이다.

그러기 때문에 본인의 24시간은 이 스승, 이 은인과 관련 있는 일에서 떠날 수 없는 것이다……. 본인은 한마디로 말해서 서민 속에서 나고, 자라고, 일하고, 그리하여 서민의 인정 속에서 생이 끝나기를 염원한다."

박정희는 대통령이 된 이후에도 일부 상류층의 사치나 특권층의 권력남용에 대해 반감을 드러냈다. 그 시대에 부패가 없지는 않았지만, 적어도 박정희만은 다른 나라의 국가지도자와

달리 청렴했다. 그의 청렴성은 그 자신과 이 나라를 지탱하는 힘이었다.

그의 서민성은 의료보험 도입, 근로자 야간학교 설립, 사원 지주제도 도입 등의 정책으로 나타났다. 서민의 인정 속에서 생이 끝나기를 염원했던 그의 꿈이 이루어지기를 소망했다.

국가적인 빈곤과 가난을 타파하고 국민의 배고픔을 달래려고 어쩔 수 없이 고속성장을 추구하면서도 서민들의 아픔을 이해하고 보살피려고 노력했다. 서민들에게 월급이 더 오를 것이라는 기대감과 셋방에서 더 나은 집으로 옮길 수 있다는 희망을 갖게 해주려고 했다.

누군가의 말대로 '나라 만들기'는 장기적인 과정이다. 서구의 산업화에도 장시간이 걸렸다. 영국은 131년, 프랑스는 84년, 독일은 74년, 러시아와 일본은 72년이 걸렸다는 것이 세계적인 경제학자 로스토우의 분석이다. 그러나 우리는 불과 20년 만에 이를 해냈다. 그러니 부작용도 있을 수밖에 없다. 각 시대는 각각 담당해야 할 역할이 있다. 박정희도 그런 차원에서 이해할 수 있지 않을까? 전쟁의 폐허에서 경제발전과 민주주의 그리고 조국의 통일을 실현하기까지는 물리적으로 많은 시간이 걸릴 수밖에 없었다.

지금 박정희가 살아 우리에게 한마디 한다면 그 절실한 한마디는 무엇일까? 아마도 그것은 본인이 그토록 이루고 싶어도 이루지 못한, 그리고 꿈에서도 어루만지고 싶었던 '서민'을 위하여 "성장의 그늘을 걷어내라!" 이 한마디가 아닐까?

어떤 사물을 통합적으로 보는 것이 성숙한 자세다. 20세기 우리의 역사는 식민지, 분단, 전쟁이라는 아픔을 극복하고 '한강의 기적'을 이루어 냈다. 이제 21세기에 보여줄 기적이 무엇이겠는가? 그것은 아직도 이 땅을 지배하고 있는 낡은 이데올로기와 세대, 지역에 얽매인 대립과 갈등을 극복할 수 있는 '통합'이 아니겠는가?

박정희는 국정 우선순위를 경제발전, 민주주의, 조국통일에 두고 몸부림쳤다. 우리가 이만큼 사는 데에는 열정과 헌신을 포함하여 그의 탁월한 리더십이 있었다는 것은 부인할 수 없다. 그것이 역량의 한계이든, 대한민국의 운명이든 그에게 그토록 짧은 시간에 세 가지 모두를 요구하는 것은 욕심이 아닐까?

미래를 생각하며

이 책은 이 땅에서 가난을 몰아낸, 대한민국 뉴 디자이너 박정희 리더십 이야기입니다. 이 책에서는 정치적인 이야기, 어두운 이야기는 다루지 않았습니다. 그러나 그러한 점이 있었다는 것을 부인하고 싶은 생각은 추호도 없습니다.

박정희 시대는 한국현대사에서 격동의 시대였고, 질풍노도의 무한도전의 시대였습니다. 일도 있고 탈도 있었습니다. 이 과정에서 무리가 있었다는 것은 숨길 수 없는 사실입니다.

그러나 박정희에게 그만의 탁월하고 개성 있는 리더십이 있었기에 오늘날 대한민국이 이만큼 살게 되었습니다. 그리하여 그의 리더십을 젊은이들이 배우고 익혀 이 땅에 '한강의 기적'에 이어 '또 다른 기적'을 일으키는 데 도움이 되었으면 하는 간절

한 소망으로 이 책을 썼습니다.

3선 개헌 움직임을 말린 뒤 시골 농부로 살았던 미국 초대 대통령 '조지 워싱턴'과 국민투표에서 패배하자 잔여 임기를 던져버리고 홀홀 권좌를 떠났던 프랑스 '샤를 드골' 대통령의 멋진 뒷모습을 아쉬워하면서도 대통령 선호도 조사에서 박정희가 부동의 1위를 차지하는 것을 보면, 아마도 우리 국민들은 박정희와 같이 '국가발전을 위해 미래 비전을 제시하고, 각 분야의 시스템이 작동되도록 하여 모두가 제 소임을 잘하면서도 정제된 언어를 통해 국민들의 마음을 움직여 이 땅에서 가난을 몰아내고 국민들에게 행복을 제공'한 그런 리더십을 원하고 있는지 모르겠습니다.

저는 리더십 연구가로서 이러한 점을 가감 없이 표현하고 싶었습니다. 박정희가 리더로 성장한 역경의 과정을 그리고 싶었습니다. 그가 제시하고 장려하고 식별하여 행동으로 옮겼던 대한민국의 비전과 가치, 전략, 그리고 과제를 묘사하고 싶었습니다. 그리고 국가 최고지도자로서의 고뇌와 리더십 기법까지 생생하게 독자들에게 전달하고 싶었습니다.

그런데 이 책을 탈고할 즈음, 저 자신의 한계를 절감할 수밖에 없었습니다. 더구나 '그러한 부족함이 고 박정희 대통령께 누가 되지 않을까?' 하는 두려움이 앞섰습니다. 그러나 용기를 냈습니다. 많이 부족하고 모자라지만, 시도하는 것 자체가 의미 있다고 생각했습니다. 무엇보다 학문적이고 어려운 접근을 떠나 박정희를 대중의 한가운데로 옮겨놓으려는 시도 자체에 중점을 두었습니다. 그리고 무엇보다 리더십 연구가로서 리더십다운 조명에 더욱 커다란 의미를 부여했습니다.

박정희의 리더십 이야기를 읽으면서 독자 여러분께서는 꿈과 희망, 용기를 간직할 수 있습니다. 이 땅에서 가난을 몰아내기 위하여 남다른 고뇌 속에서 방황하는 박정희의 모습에서 안타까움을 느끼시리라 생각됩니다. 그리고 우리가 어떠한 한계와 어려움을 극복하고 이곳까지 왔는지, 깊은 감동을 느끼실 것입니다.

저는 마지막으로 미래의 지도자를 꿈꾸는 젊은이들에게 리더가 되는 길은 결코 쉽지 않다는 것을 이야기하고 싶습니다.

세계를 깜짝 놀라게 한 올림픽 금메달리스트 피겨의 여왕 '김연아'가 보여주는 아름다운 선율과 율동 뒤에는 그것을 준비하기 위한 땀과 눈물과 헌신이 있었기에 가능했듯이 치열하게 자신의 성품과 의지, 그리고 능력을 갈고 닦아 세상을 읽는 눈을 밝혀나가야 합니다. 나아가 미래의 모습을 그리고 행동원칙을 정립함과 아울러 미래를 위한 로드맵과 해야 할 일을 식별하여 행동으로 옮겨야 합니다.

그러할 때 여러분도 한 조직을 이끌어 가는, 나아가 조국 대한민국을 새롭게 디자인할 수 있는 최고의 리더가 될 수 있다고 확신합니다. 그리고 마지막으로 제가 인생을 살면서 가장 절실하게 느꼈던 이 한마디 "세상에는 공짜가 없다."는 말을 여러분에게 전해주고 싶습니다. 감사합니다.

윤종성

| 박정희 연표 |

생년월일 : 1917년 11월 14일
출 생 지 : 경북 선산군 구미면 상모동
가족관계 : 배우자 육영수
자   녀 : 근혜, 근영, 지만

1924년 4월	구미 보통학교 입학
1932년 4월	대구사범 입학
1937년 3월	대구사범 졸업, 문경 보통학교 교사 취임
1940년 4월	만주군관학교 2기생 입학
1942년 3월	만주군관학교 예과 과정 수석 졸업
1942년 4월	일본 육사 본과(57기) 특전 입학
1944년 3월	일본 육사 본과 졸업
1945년 8월	만주군 중위로 조국 해방
1946년 9월	조선 경비사관학교 2기생으로 입학
1950년 7월 14일	한국전쟁 발발 후 육군 소령으로 군대 복귀, 육군본부 정보국 전투정보과장
1950년 12월 12일	육영수 여사와 결혼
1955년 7월 14일	제5사단장
1957년	제7사단장
1959년 7월 1일	제6관구 사령관
1960년 1월 21일	부산 군수기지 사령관
1960년 12월 15일	제2군 부사령관
1961년 5월 16일	군사혁명
1961년 7월 3일	국가재건최고회의 의장 취임
1961년 8월 12일	정권이양 시기에 관한 성명
1961년 11월 12일	일본 방문, 이케다 수상과 국교정상화 회담

1961년 11월 15일	미국 방문, 케네디 대통령과 정상회담
1962년 1월 13일	1차 경제개발 5개년계획 실시
1962년 2월 3일	울산 공업지구 건설기공식
1963년 8월 30일	육군 대장 전역식
1963년 10월 15일	제5대 대통령으로 당선
1964년 6월 3일	비상계엄령 선포(한일회담 반대데모)
1965년 1월 8일	베트남 전쟁에 파병 결정 1차, 2차
1965년 5월	미국 방문, 존슨 대통령과 정상회담
1965년 6월 22일	한일 기본조약 조인
1966년 2월	말레이시아, 태국, 중화민국 공식방문
1967년 1월 19일	해군 56함 북한군의 포격으로 침몰
1967년 5월 3일	제6대 대통령 당선
1967년	2차 경제개발 5개년계획 실시
1968년 1월 21일	김신조 청와대 피습사건
1968년 4월 1일	예비군 창설
1968년	포항 종합제철소 건설
1968년 9월	호주 및 뉴질랜드 공식방문
1968년 11월 2일	울진, 삼척 무장공비 침투
1968년 12월	국민교육헌장 제정 선포
1969년 8월	미국 방문, 닉슨 대통령과 정상회담
1969년 9월	대통령 3선 개헌안
1970년	새마을운동 시작
1970년 7월 7일	경부고속도로 개통
1970년 8월 15일	8 · 15 선언, 남북 간 선의의 경쟁 제창
1971년 4월 27일	제7대 대통령 당선
1972년	3차 경제개발 5개년계획 실시
1972년 7월 4일	남북 공동성명 발표
1972년 10월 17일	유신체제 선포, 비상계엄령 선포
1972년 12월 23일	제8대 대통령 당선
1972년 12월 27일	유신헌법 공포, 북한에서는 사회주의 헌법 채택
1973년 6월 23일	남북동시 유엔가입 제창, 북한 고려연방제 제안

1973년 8월 8일	김대중 납치사건 발생
1974년 1월	대통령 긴급조치 발효
1974년 4월 3일	민청학련 사건, 긴급조치 제4호
1974년 8월 15일	육영수 여사 서거
1975년 2월 12일	유신체제 국민투표
1975년 5월 13일	대통령 긴급조치 제9호
1975년 12월 19일	최규하 내각 발족
1976년 3월 1일	민주구국선언 사건
1976년 8월 18일	판문점 도끼만행 사건
1976년 10월 12일	외국 쌀 도입 중지, 쌀 자급자족
1977년	4차 경제개발 5개년계획 실시
1977년 12월 22일	1백억 달러 수출 달성
1978년 10월 26일	남침 지하땅굴 제3호 발견
1978년 12월 10일	국민 1인당 GNP 1,117달러 달성
1978년 12월 27일	제9대 대통령 취임
1979년 4월 25일	한국–소련 간 직통전화 개통
1979년 7월 1일	미국 카터 대통령 방한
1979년 8월 11일	YH무역 사건 발생
1979년 10월 17일	부마 항쟁
1979년 10월 26일	박정희 대통령 서거

박정희 리더십의 모든 것

초판 1쇄 인쇄 2023년 1월 16일
초판 1쇄 발행 2023년 1월 20일

지은이 윤종성
펴낸이 김형성
펴낸곳 (주)시아컨텐츠그룹
책임편집 강경수
디자인 공간42

주소 서울시 마포구 월드컵북로5길 65 (서교동), 주원빌딩 2F
전화 02-3141-9671
팩스 02-3141-9673
이메일 siaabook9671@naver.com
등록번호 제406-251002014000093호
등록일 2014년 5월 7일

ISBN 979-11-88519-40-8 [03340]